儿童足球游戏课程教学设计研究

王　琛◎著

南方传媒　广东人民出版社
·广州·

图书在版编目（CIP）数据

儿童足球游戏课程教学设计研究 / 王琛著 . 一广州：广东人民出版社，2023. 12

ISBN 978-7-218-17002-2

Ⅰ. ①儿…　Ⅱ. ①王…　Ⅲ. ①儿童—足球运动—教学设计—研究　Ⅳ. ① G843. 2

中国国家版本馆 CIP 数据核字（2023）第 193258 号

ERTONG ZUQIU YOUXI KECHENG JIAOXUE SHEJI YANJIU

儿童足球游戏课程教学设计研究

王　琛　著

出 版 人：肖风华

责任编辑：马妮璐
责任技编：吴彦斌　周星奎
装帧设计：马静静

出版发行：广东人民出版社
地　　址：广东省广州市越秀区大沙头四马路 10 号（邮政编码：510199）
电　　话：（020）85716809（总编室）
传　　真：（020）83289585
网　　址：http://www.gdpph.com
印　　刷：北京亚吉飞数码科技有限公司
开　　本：710mm×1000mm　1/16
印　　张：12.75　　**字　　数**：214 千
版　　次：2024 年 4 月第 1 版
印　　次：2024 年 4 月第 1 次印刷
定　　价：68.00 元

如发现印装质量问题，影响阅读，请与出版社（020-85716849）联系调换。
售书热线：（020）87716172

前言

足球运动具有独特的全面育人功能，是学校体育工作中的重要教学内容与育人手段。发展与振兴足球是建设体育强国的必然要求，也是全国人民的热切期盼。校园足球是我国足球事业的重要组成部分，它涉及基础，事关长远，对促进儿童健康成长与全面发展、培养足球后备人才以及推动中国足球科学发展具有重要的奠基作用。现在，在我国体育总局与教育部的共同努力下，全国校园足球活动开展得如火如荼，足球课在各大城市的中小学已基本普及，面向全国各地中小学继续推广与普及足球运动已是大势所趋。校园足球活动丰富多彩，形式多样，足球游戏是其中非常活跃和受欢迎的内容与表现形式，它生动有趣，符合儿童的心理特点，对培养儿童的足球兴趣、提升儿童参与足球活动的积极性具有重要意义。鉴于足球游戏的重要性，面向广大儿童开设足球游戏课程，组织足球游戏教学便成为开展校园足球活动的重要形式之一。足球游戏课程教学以游戏为突破口，将足球技术与游戏相结合，弱化了足球的竞技性，强调以趣味化的方式进行足球教学，对普及校园足球和调动儿童参与的积极性十分有益。为促进儿童足球游戏课程教学的顺利开展，提高儿童足球游戏教学效果，作者在查阅大量相关著作文献的基础上，精心撰写了本书。

本书共七章，第一章阐述校园足球的育人价值与发展，以了解校园足球的重要性、开展情况以及足球游戏对儿童身心健康的重要意义。第二章分析校园足球游戏课程教学理论，从一般性的儿童足球教学理论、专门的儿童足球游戏教学理论以及儿童足球游戏创编等多方面为儿童足球游戏课程教学提供理论指导。第三章为儿童足球游戏课程教学设计的原理与实施，主要围绕儿童体育游戏课程教学设计、儿童足球游戏课程教学设计以及儿童足球游戏课程教学的实施与评价展开研究。第四章至第六章分别对儿童足球基础类游戏、技术类游戏及其他游戏的教学设计进行研究,游戏丰富有趣,可操作性强,具有实用性。第七章重点探讨儿童足球游戏课程教学的安全管理,包括校园足球运动风险与防范、构建校园足球安全保障体系、预防与处理儿童运动损伤,旨在为儿童足球游戏课程教学的顺利开展和儿童健康保驾护航。

概括而言,本书具有以下几个特征。

第一,科学性。本书依据儿童身心特点、身心发展规律及国家关于校园足球的相关方针政策对儿童足球游戏教学进行研究,设计丰富有趣的足球游戏,对促进儿童健康成长具有科学意义,对推动校园足球工作的开展具有示范引领作用。

第二,实用性。本书在快乐足球的理念下研究儿童足球游戏教学,既有关于儿童足球游戏教学、儿童足球游戏课程教学设计以及儿童足球游戏创编的理论,也有各类足球游戏教学设计的方法,理论教育与实践操作相结合,足球教育与游戏活动融为一体,既有知识性,又有趣味性。而且本书大量的足球游戏示例简洁明了,浅显易懂,便于组织实施,具有较强的实用价值。

第三,创新性。足球游戏内容丰富,形式多样,不同类型的游戏对儿童身心素质、足球技术能力及其他素质的培养各有侧重。本书对足球游戏教学设计进行分类研究,打破了大规模罗列足球游戏而不根据儿童的发展需要加以区分的传统模式,具有一定的创新性。

总之,本书主要对儿童足球游戏课程的教学设计与科学实施展开研究,结合儿童身心特点构建足球游戏教学的理论体系、优化足球游戏课程教学设计方法、科学创编足球游戏、有序开展各类足球游戏教学,为学校开展足球游戏教学提供了科学的理论指导与实用的方法指导,对促进儿童健康成长和培养儿童的足球素养具有重要意义,也能够为推动校园足球的普及与推广做出贡献。

在本书的撰写过程中,作者不仅参阅、引用了很多国内外相关文献资料,而且得到了同事亲朋的鼎力相助,在此衷心表示感谢。由于作者水平有限,书中疏漏之处在所难免,恳请同行专家以及广大读者批评指正。

作　者

2023 年 2 月

目　录

第一章

校园足球的育人价值与发展

儿童足球是中国足球发展的基础和希望。2009年，在国家体育总局和教育部的牵头下，我国开启校园足球活动计划，将校园足球作为夯实足球人才根基和成就中国足球梦想的基础工程。近年来，随着校园足球的不断发展，其育人价值越来越受重视，深入挖掘与充分发挥校园足球的育人价值，对促进青少年儿童健康成长、全面发展具有重要意义，而且也能推动校园足球自身的持续发展。本章主要对校园足球的育人价值及其发展进行研究，首先阐述校园足球的基础理论，分析校园足球的开展情况，探讨校园足球的可持续发展策略，然后系统分析校园足球的全面育人价值，最后结合儿童身心特征来说明足球游戏对儿童健康的影响。

第一节 校园足球的基础理论

一、校园足球的概念

校园足球指的是在校园中进行的、由教师和青少年学生主体参与的一切与足球有关的活动或过程的总和。① 下面具体从 3 个方面来解释校园足球的概念。

从活动范围的角度看，校园足球是所有在校园中进行的足球活动。

从参与主体的角度看，青少年学生是校园足球的参与主体，学生也可以与教师共同参与校园足球活动。

从参与形式的角度看，足球教学、课外足球活动、大课间活动、课余足球训练和校园足球竞赛都属于校园足球的范畴。

二、校园足球的文化内涵

校园足球文化指的是与校园足球相关的所有物质文化、制度文化、精神文化以及行为文化的总和。因此校园足球的文化内涵包含图 1–1 中所示的 4 个方面。

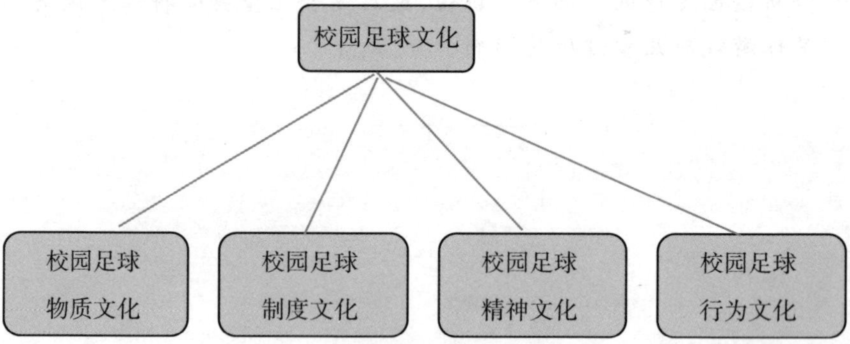

图 1–1 校园足球文化内涵

① 冯伟华．新时代小学校园足球课程校本化教学体系的构建与实践 [M]．广州：广东高等教育出版社，2019.

下面具体分析校园足球文化内涵的几个重要组成部分。

(一)校园足球物质文化

校园足球物质文化是校园足球文化的基础,主要包括校园足球场地设施、足球师资、足球经费投入等。在校园足球活动的开展中,经费、师资、场地设施都是必不可少的重要基础,这就奠定了校园足球物质文化在校园足球文化体系中的基础地位。开展校园足球,需要必要的经费、充足的场地空间、完善的器材设备,如果不具备这些基础条件,是无法正常开展足球教学、训练及竞赛等各种校园足球活动的,校园足球计划将无法顺利启动,可谓寸步难行。

师资水平的高低对校园足球的发展水平有决定性影响,因此在校园足球物质文化建设中,要注重培养与引进优秀的教师,提升师资队伍的专业素养。

(二)校园足球制度文化

校园足球制度文化是校园足球文化建设与发展的重要保证。校园足球制度文化包括以下几方面的内容。

1. 规章制度

校园足球活动的开展要遵循相关规章制度,要服从上级领导和指挥,要从学校实际情况出发而出台方案,提出规定,明确运动规则和各项要求,促进校园足球活动的有序开展。

2. 组织机构

组织机构是指负责校园足球相关事宜的协会、机构等。组织机构的健全和职能的完善使校园足球的发展更有组织性和计划性。

3. 运作方法

校园足球运作方法包括足球课、足球队的训练和校园足球比赛,这些活动的实施和运作都有专门的部门来领导,而且都有规章制度可循。

（三）校园足球精神文化

校园足球精神文化是校园足球文化的本质与核心。围绕校园足球而形成的思想体系、价值观念是校园足球精神文化的重要内容。校园足球精神文化引导师生在参与校园足球活动的过程中达到一种较为满意的状态，使校园足球的发展更好地达到预期目标，促进校园足球持续稳定发展。

（四）校园足球行为文化

校园足球行为文化是校园足球文化的规范，其具体包含下列几个方面的内容（图 1–2）。

1. 价值取向

这里的价值取向主要是指师生参与校园足球的主要目的、在校园足球实践中形成的正确理念以及塑造的体育精神。在适宜目标的激励下和体育精神的鼓舞下，师生能够养成参与校园足球活动的良好行为习惯。

2. 行为方式

行为方式指的是校园足球运动中特有的一种行为方法或具体形式，如校园足球礼仪、校园足球游戏、校园足球联赛等。

3. 行为环境

行为环境指的是校园足球环境、城市足球环境，如足球传统、足球氛围、与足球相关的自然与人文环境等。行为环境直接影响学生参与校园足球的价值取向和行为方式。

校园足球物质文化、制度文化、精神文化和行为文化构成了校园足球文化的有机整体，这些文化内涵既相对独立，又相互关联、相辅相成。校园足球文化的这些组成部分缺一不可，只有充分发挥各部分的功能，促进各部分协同发展，才能使校园足球文化更有活力，生命力更顽强，逐步实现可持续发展目标。

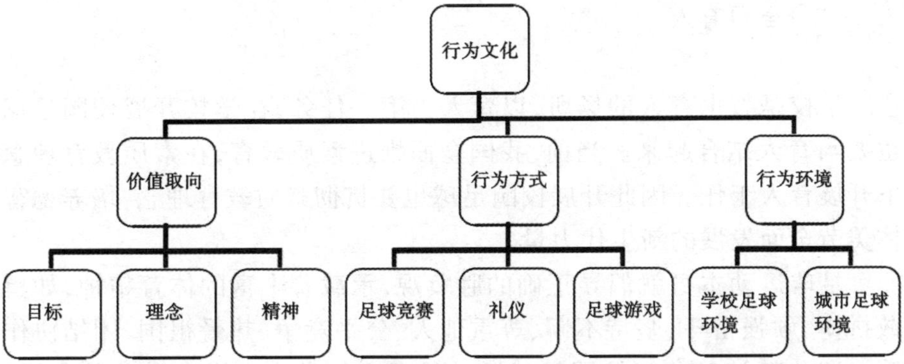

图 1-2　校园足球行为文化的构成①

第二节　校园足球的开展情况与可持续发展

一、校园足球开展的主要目的

（一）增强青少年体质

强健体魄是校园足球开展的首要目标。足球运动中包含很多人体常见基本动作，如跑、跳、踢、顶等，练习这些动作有助于增强人的身体活动能力和基础运动能力。参加足球运动，要在足球场上来回跑动，积极拼抢，相互对抗，这为培养人的身体素质提供了良好的条件，对增强青少年的力量、速度、耐力、灵敏等素质以及提升整体健康水平具有重要意义。

青少年参与校园足球活动能够增强体质，提高运动水平，使精力更加充沛，保持阳光积极的精神面貌，从而为全面发展打好身体基础。

① 金钢铁．青少年校园足球发展战略研究［M］．北京：北京体育大学出版社，2018．

（二）全面育人

学校是教书育人的场所，以育人为第一任务，在学校开展校园足球也要与育人结合起来。当前，我国全面推进素质教育，在素质教育理念下开展育人工作。因此开展校园足球也要贯彻素质教育理念，培养德智体美劳全面发展的新生代力量。

足球运动本身就倡导正确的胜负观，承载着丰富的体育精神，如勇敢拼搏、顽强奋斗、坚持不懈、尊重他人、公平竞争、热爱祖国、团结协作等。这些精神对参与校园足球活动的青少年学生有潜移默化的影响。青少年学生在足球活动中深刻理解体育精神，并内化为优良的道德品格，建立正确的世界观、人生观和价值观。

校园足球对青少年学生的教育意义不仅体现在道德方面，也体现在智能上，如培养学生解决问题的思维和能力、灵活应对意外状况的能力以及团结协作的能力等，这些都体现了校园足球的智育价值。

此外，校园足球还能培养青少年学生的审美情趣，学生在足球比赛中娴熟的脚法、精彩的射门都是其良好审美情趣的体现。

总之，校园足球对青少年学生的教育价值是多方面的，通过开展校园足球来全面培养青少年各方面的素质，促进青少年健康成长与全面发展，这是一个非常重要的目标。

（三）学习并掌握足球技能，培养终身体育意识

青少年学生要在体育锻炼中达到预期目标，满足需求，就要掌握好基本的运动技能，只有掌握了运动技能，才会在体育锻炼中表现得更加积极，才能对体育运动的乐趣有更深刻的体会，并能在运动中获得享受和感悟，并能激发坚持参加运动的恒心和毅力，养成良好的体育锻炼习惯，逐渐树立终身体育意识，提升终身体育锻炼能力，为终身健康打好基础。所以，让青少年学生学习与掌握足球运动基本技能是开展校园足球活动的重要目的之一。青少年学生熟练掌握足球运动技能，并在足球比赛中充分发挥技能水平，才能更加深刻地体验足球的乐趣，感受足球的魅力，并产生坚持参与足球运动的良好动机，养成长期进行足球锻炼的良好运动习惯，丰富课余生活，为终身体育习惯的养成打好基础。

（四）提高社会适应能力

足球是集体对抗性大球运动，在集体作战中，团队内部的配合很重要，团队成员的集体意识、团队精神、协作能力直接影响团队的成绩。青少年学生参与校园足球活动，自己作为足球队的一名成员，扮演着重要的角色，在足球比赛中既要履行好自己的职责，发挥自己的作用，又要有集体意识，积极配合他人，与队友共同完成集体战术，提升团队运动能力。团体作战中不乏沟通与交流，这有助于锻炼青少年学生的人际沟通和交往能力，使青少年学生更好地融入与适应集体生活，为其将来走向社会、适应社会和提高社会生存能力奠定基础。

校园足球活动形式丰富多彩，青少年学生参与丰富有趣的足球活动，能够缓解学习压力，疏导不良情绪，形成乐观积极、阳光上进的健康心态，这是青少年将来融入社会和适应社会生活必不可少的素质和条件。所以，通过开展校园足球也要达到提高青少年学生社会适应能力的重要目的。

（五）培养足球后备人才

选拔与培养青少年足球后备人才是开展校园足球的重要目标之一。我国开展校园足球活动，不仅要面向青少年群体普及足球运动，还要挖掘有天赋的足球后备人才，科学选拔与重点培养优秀足球后备力量，为天赋好、在这方面有抱负的学生提供展示自我的平台与机会。优秀的足球后备人才是我国足球运动可持续发展的动力源泉，将优秀足球后备力量输送到专业运动队进行专业训练和培养，有助于向国家输送优秀的足球运动员，为国家足球运动的发展提供重要的人力资源保障，从而提升我国足球运动水平。

二、校园足球开展的基本要求

（一）“普及”与“提高”相结合

不断夯实青少年足球基础是提高我国足球发展水平的根本要求，这是由足球运动的发展规律所决定的。我国全面开展青少年校园足球活动，提出要不断扩大青少年足球人口规模，培养大批优秀的青少年足球人才。我国校园足球的开展要以足球在校园内的"普及"为第一要务，在此基础上实现"提高"的目标，将"普及"和"提高"相结合，兼顾二者，并处理好二者的关系。

1. 正确认识校园足球的"普及"与"提高"

"普及"的意思是普遍推广，使普及的东西存在于更广泛的范围内，实现大众化目标。普及足球运动，主要就是要扩大足球人口规模，使更大范围内和更多数量的人口参与足球运动。从竞技足球角度来看，普及就是奠定足球后备人才培养的基础。校园足球的"普及"体现在普及足球知识、技能和扩大青少年足球人口规模两个方面。

校园足球的"提高"指的是在普及的基础上进一步提高足球发展水平，包括足球知识水平、技能水平、青少年足球后备人才培养水平、足球师资培养水平等多方面的提高。校园足球的"普及"是"提高"的基础，如果没有校园足球的"普及"，校园足球的"提高"是无法实现的。

2. 正确处理校园足球"普及"与"提高"的关系

开展校园足球活动，要兼顾"普及"与"提高"，将二者有机结合起来，并将它们之间的辩证关系处理好。在校园足球活动的开展中，"普及"是基石，"提高"是必然要求，二者互为条件，从"普及"到"提高"的变化过程本质上就是一个量变到质变的过程。如果没有"普及"，青少年足球人口规模小，是无法"提高"足球发展水平的，也难以培养优秀的青少年足球后备人才。

现阶段，我国在全国各地广泛推广校园足球活动，在校园足球事业中将"普及"工作作为核心，只有先达到了"普及"的标准，才能建立在这个基础上谈"提高"、谈"发展"，这反映了我国体育部门和教育部门在发展校园足球方面遵循了循序渐进的原则，体现了一步一个脚印的道理。只有按照足球运动的发展规律先夯实了基础，才能谈未来的发展。

"普及"与"提高"是校园足球的两个方面，两者互相渗透，不可分割。开展校园足球活动，必须以"普及"为立足点，然后努力"提高"足球水平，通过"提高"的过程来实现发展的目标。"普及"与"提高"的结合既与足球发展的基本规律相符，也与青少年足球人才培养的客观规律契合，只有遵循客观规律、科学原理，才能实现持久的发展。

当前，我国各地积极开展校园足球活动，但一些地区因为误解了校园足球的真正意义，所以在开展过程中有急功近利的现象，以追求优异的运动成绩为主要目标，认为校园足球的发展就是不断举办校园足球竞赛，提高比赛成绩，这无疑是一种典型的功利主义思维，是不正确的价值取向，阻碍了校园足球的发展。对此，我们要积极传播正确的校园足球理念和价值取向，在科学理念的指引下普及足球运动，扩大足球人口规模，带动更多的青少年积极参与校园足球活动，使其产生浓厚的足球兴趣，将足球作为强身健体的重要手段，并通过参与丰富多彩的校园足球来达到全面发展的目标。

（二）传承足球文化

足球是世界体育文化，传承足球文化是我国开展校园足球的基本要求和重要任务。在校园足球活动的开展中传承足球文化，不仅要大力建设校园足球文化，还要使青少年学生通过亲身参与足球运动而体验足球文化的魅力。校园足球文化内涵丰富、特征鲜明、功能多元，对青少年学生的身心健康与精神生活都有积极影响，是现代校园体育文化中不可或缺的重要组成部分之一，也是校园文化建设的一个重点。

足球是一项体育运动，也是一种优秀的文化，挖掘足球的文化内涵、文化价值，对促进足球持续健康发展具有重要意义。一个国家的足球运动是否能够持续健康地发展下去，一定程度上取决于该国是否拥有良好的足球文化环境，足球文化环境既是一个基础条件，也是一个重要保障。而且一个国家建设本国足球文化还有利于传承民族精神，弘扬民族文化。校园足球具有突出的文化价值，建设校园足球文化，以校园足球活动为载体来传播足球精神、足球理念，有助于营造良好的校园文化氛围，营造优良的校园文化环境，充分发挥校园足球的文化价值。

校园足球文化建设的价值是以校园足球活动为载体而形成的物质文化价值、精神文化价值、制度文化价值以及行为文化价值的总和。建设校园足球文化，传承优秀的足球传统文化，能够为进一步开展校园足球活动提供肥沃的土壤，营造浓郁的校园足球氛围，使更多的青少年在足球文化的熏陶下积极参与足球、享受足球，并主动传播与传承足球文化。传承足球文化对青少年的发展无疑是非常有意义的,因而在今后的校园足球工作中要重视传承足球文化的基本要求,自觉遵循,付诸现实。

(三)培养全面发展的人

中国足球发展所追求的最终目标是人的全面发展。校园足球是培养全面发展的人的有效载体,其承载的不仅是国人对足球振兴的中国梦,还承载着教育、培养社会主义建设者和接班人的重要职责。

校园足球具有重要的教育价值,主要体现在对学生身体、心理、社会化等各方面发展的积极促进作用。培养全面发展的人不仅是素质教育的基本要求,而且是我国人才规格培养的重要标准。校园足球是一种教育活动,也是一种育体、育心的手段。国家重视校园足球不仅是为了提高我国足球水平,也是希望通过校园足球活动来健全青少年人格,培养全面发展的人。校园足球是学校贯彻素质教育理念、实施全面育人的重要途径,不仅对体育系统具有积极意义,对教育系统深化教育改革也起到重要的促进作用。

三、我国校园足球开展取得的成绩与存在的问题

(一)成绩

2009年,我国校园足球活动计划由国家体育总局和教育部牵头而成功开启,旨在促进青少年学生健康成长、全面发展,同时为国家培养优秀的青少年足球后备人才,促进国家足球事业的发展。经过十多年的努力,我国校园足球的发展取得了令人瞩目的好成绩,主要表现在以下几个方面。

(1)开展校园足球活动的学校大幅度增加,参与校园足球活动的青少年学生数量成倍增加。

(2)各地大力建设校园足球场地设施,明显改善了学校足球开展的基础场地设施条件。

（3）校园足球师资的专业水平经过系统培养与专业培训而得到提升。

（4）校园足球比赛如火如荼地举办着，比赛场次不断增加，初步形成了小学、初中、高中和大学的四级联赛体系。

（5）校园足球获得了社会的大力支持，社会氛围良好，为校园足球活动的开展提供了良好的环境。

我国校园足球发展取得的上述成果与政府的高度重视和引导密不可分，我国为有序开展校园足球活动，根据实际情况而制订发展计划，明确战略目标与任务，将其与中国体育强国战略、中华民族伟大复兴的中国梦紧密联系起来，提升其在我国的战略地位，从而获得更多的关注与支持。足球崛起是我国政府迫切希望的，为振兴国家足球事业，我国更加注重夯实青少年足球基础，夯实人才基础，从基础着手来普及推广校园足球，表达了国家领导人对中国足球崛起和走向世界的殷切期盼。党和政府关于校园足球的一系列方针政策、规章制度等既使校园足球的发展方向更加明确，又为校园足球改革创新提供了制度保障。教育部为推动校园足球的开展做了大量的工作，如将足球纳入体育与健康课程、培养足球师资、建立校园足球联赛制度、开展四级联赛等，强有力地推动了我国校园足球的健康发展。在今后的校园足球发展中，教育系统将承担更多责任，完成更多工作，为促进我国校园足球发展而做出更大的贡献。

（二）问题

1. 足球教师综合素质较低

校园足球教学活动是足球教师以学校体育目标、学校教学条件等因素为依据而设计、组织及实施的，足球教师是校园足球教学活动的重要组织者与实施者，在足球教学活动中发挥着重要的主导作用。当前，校园足球活动在全国各地广泛开展，校园足球保持着非常高的热度，足球也成为学校的重要课程之一，这就进一步加大了足球教师的数量缺口，一些学校为了应急，解决师资不足的问题，在招聘足球教师方面没有严格把关，没有特别注重考查足球教师的资质与质量，所以招聘的教师素质不高，虽然暂时在一定程度上解决了足球教师数量不足的问题，但又造成了足球师资质量低下的问题。

在国家教育部门的大力号召下,我国越来越多的学校纷纷开展校园足球活动,但每年的足球毕业生数量有限,毕业后选择足球教师职业的毕业生更少,足球教师数量少的问题依然没有得到彻底的解决。因为优秀的足球毕业生或者说足球专业背景好的毕业生数量较少,所以学校不得不招聘一些专修其他项目的体育毕业生,这些毕业生的足球知识水平、技能水平与足球专业毕业生相比还是有差距的,这就导致足球教师队伍的整体质量不高,不同专业背景的足球教师的教学能力良莠不齐,校园足球教学和训练活动的开展质量也因此受到了严重的影响。

另外,一些在职足球教师借着校园足球活动的热度而过分追求更高的薪资水平,不断为自己申请更好的福利待遇,而不重视通过再教育、培训来提升自己的足球知识素养和教学能力,甚至当学校为其安排培训后,找理由拒绝参与,不服从安排,这些教师的存在影响了足球师资队伍的整体水平与质量,在足球教学中也不可能兢兢业业、不可能全身心投入与付出,足球教学的效果必然会受到严重影响。

2. 校园足球制度建设不健全

从 2009 年开始,校园足球工作在全国上下全面实施,校园足球步入有序发展阶段。为推动校园足球的健康发展,国家相继出台了很多政策和文件。但分析这些政策文件发现,国家在发展校园足球方面强调的重点比较单一、重复,主要集中在足球基础设施建设、足球教学、足球特色学校建设等方面,而忽视了校园足球本身的制度建设,这是现阶段我国校园足球制度建设落后、缺乏良性运作机制的一个主要原因。

校园足球制度建设不健全,主要体现在以下几个方面。

第一,没有建立校园足球课程实施与考核评价制度,所以很难科学评价足球课程建设情况和足球课程教学质量。

第二,缺乏严谨的足球师资资格认证制度、培训上岗制度及工作保障制度,导致足球教师、教练员的专业素养参差不齐,而且足球师资的合法权益也缺乏充分保障。

第三,缺乏青少年足球后备人才的选拔与培养制度及足球人才职业生涯规划,且人才输送渠道不通畅,严重影响了校园足球后备人才的培养质量及输送。

上述制度和机制的缺失或欠完善对我国校园足球的健康发展造成

了严重的影响，需要有关部门及时出台相关政策予以解决。

受传统思维观念的影响，我国各个学校虽然响应号召，积极开展校园足球活动，但“重规划、轻监督和管理”的现象普遍存在，学校对上级部门的文件精神缺乏深刻的领悟，所以只是在表面上做文章，开展一些形式性的足球活动，没有采取针对性较强的相关措施来真正落实文件精神。国家为推动校园足球发展而颁发的一系列政策文件具有明显的导向作用，但这些政策具体到地方学校中没有得到很好的执行与落实，因而很难实现预期的校园足球发展目标。

3. 校园足球管理机制不完善

当前，我国校园足球发展中主要采用的管理模式是垂直管理模式，或者说是自上而下的管理模式，即“全国领导小组—省市领导小组—区县领导小组—定点学校”的管理模式。[①] 这种管理模式看起来比较健全，各管理层次之间密切衔接，但在具体运作中问题还有很多。其中最主要的问题是责、权、利相互脱离，管理权限与管理范围相互不匹配，这是造成校园足球管理效率低下和管理效果差的一个主要原因。

体育部门和教育部门这两个系统在我国公共事业管理体制中是相互独立的，它们都是我国校园足球发展的重要部门，体育系统负责组织校园足球活动，培训校园足球教练员及裁判员，教育系统负责学校球队组建、教练员分配以及组织学生参与活动等工作，足球管理部门与足球参与者之间的接触以间接形式为主，面对面直接接触的情况很少，校园足球活动的开展情况基本直接由学校决定，但一些学校领导对校园足球活动并不是很重视，要么只是敷衍地开展一些活动，搞形式主义，所以制约了校园足球工作在学校的真正落实。再加上教育部门管理的积极性不足，体育部门的管理职能有限，因此政府为发展校园足球而下达的政策及指令很难顺利落实。

总之，校园足球活动的开展取得了良好的成绩，这是毋庸置疑和值得肯定的，但问题与不足也是客观存在的。我国校园足球发展水平和足球发达国家相比还有很大的差距，不仅在竞技水平上不及足球强国，在基础普及上也没有达到足球强国那样的程度，而且我国校园足球发展中场地设施短缺、师资力量不足、竞赛水平不高等问题虽然得到一定程度

① 成耀东．青少年校园足球未来发展模式的设想[J]．当代体育科技，2013，3（29）：99-100.

的解决,但没有彻底根除,从而影响了我国校园足球的发展步伐。解决这些问题迫在眉睫,相信在党中央、国务院的重视下,在各级部门的努力下,这些问题终将得到解决,校园足球必将蓬勃发展,青少年学生的健康水平将不断提高,足球后备人才队伍也会不断壮大。

四、我国校园足球可持续发展的策略

(一)树立"以人为本"的发展理念

校园足球可持续发展必须树立以人为本的科学理念,具体从以下几方面落实。

第一,对"育人是校园足球的根本目的"这一客观事实有充分的认识,在不对学生的学业成绩造成影响的同时,以足球锻炼为手段,促进学生体质增强,选拔与培养青少年足球人才。

第二,实施校园足球工程,必须坚持以人为本的核心原则,其中"人"指的是与校园足球相关的所有群体,如学生、足球教练员、管理人员以及学生家长等,其中居于核心地位的"人"是青少年学生。发展校园足球,要尊重学生及其他相关人员的意愿,要维护相关群体的利益。

第三,注重对校园足球的普及,这是开展校园足球工程的一项重点工作。"要推进校园足球普及,夯实国家足球事业人才基础"。通过普及校园足球运动,扩大校园人口规模,对青少年学生参与足球运动的权利予以保障。只有校园足球参与者的数量增加了,校园足球的发展才有发生质变的可能,也就是取得卓著成绩的可能,这是量变引起质变理论的体现,也是校园足球的发展规律。[①]

(二)建立校园足球可持续发展的机制

1. 校园足球可持续发展的维度

有关学者从可持续发展理念和校园足球发展现状出发对校园足球

① 王志华,向勇.我国校园足球可持续发展的现实困境与路径选择[J].体育文化导刊,2019(2):101-105.

可持续发展的框架图予以构建，如图 1–3 所示。

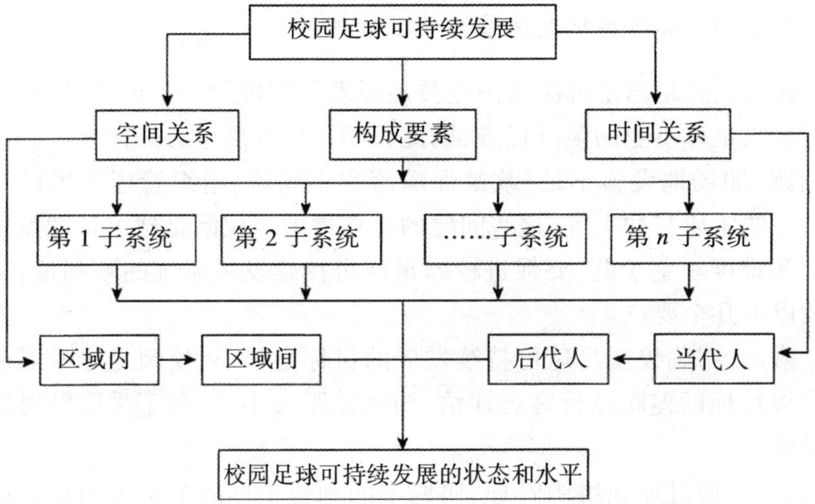

图 1–3　校园足球可持续发展的三维框架图①

上图所示的校园足球可持续发展框架具有三维特征，分析如下。

（1）时间维

在这一维度上，开展校园足球不能有功利主义思想，要脚踏实地，一步一个脚印，不但要使当代学生的身心健康需求、当代人对我国足球运动振兴的渴望得到满足，而且还要使未来学生和人民的这些需求和渴望持续得到满足。

（2）空间维

在空间维度上，要推动区域内校园足球的和谐发展和区域间校园足球的协调发展。同时要对校园足球的发展规模进行控制，不要贪大求全，不要过早大规模扩展，否则会给有关部门带来经济负担，同时也无法保证质量。要先在某个或某些区域进行实践，起到示范作用，然后总结经验，等时机成熟后再向更大区域推广和拓展。

（3）要素维

校园足球可持续发展的构成包括诸多要素，各个组成部分之间密切联系，相互影响，任何一个要素的变化发展都会对整个系统的运作和功能产生影响。因此要有机整合各个要素，处理好各要素之间的关系，通

① 金钢铁．青少年校园足球发展战略研究 [M]. 北京：北京体育大学出版社，2018.

过优化各个要素来提升校园足球可持续发展的整体水平。

2. 校园足球可持续发展系统的运行机制

开展校园足球是解决我国竞技足球发展困境的一个突破口，因为背负着振兴足球事业的艰巨任务，因此校园足球发展中必然面临一些复杂的问题，如场地设施不足、政策保障落实不到位、组织管理不当以及多方利益的矛盾与冲突等，这些问题的存在增加了校园足球可持续发展的阻力和难度。鉴于此，要促进校园足球可持续发展系统的顺利运作，需注意以下几个要点。

第一，明确校园足球可持续发展的目标定位，对校园足球发展现状与发展目标的差距进行客观评估，明确差距大小，以利于采取针对性改革措施。

第二，通过加强组织管理、协调不同利益主体的关系来缩短发展现状和预期目标的差距。

第三，及时进行校园足球可持续发展系统协同运行结果的反馈，根据反馈信息进行调整，完善协同运作机制。

在校园足球可持续发展系统运行中，要加强科学管控，提高协同效应，达到理想的协同运作目标。从这一思路出发，可对校园足球可持续发展系统的协同运行机制模型予以建立，如图 1–4 所示。

3. 校园足球可持续发展的评价机制

在推动校园足球可持续发展的过程中，要做好对校园足球可持续发展的真实状态进行客观评价的工作，具体要从系统论、整体观出发来筛选评价指标，设计评价方法，从而科学分析与描述校园足球在某个区域的发展状况，了解发展中存在的问题。

校园足球的发展和学校体育的发展不同，也与竞技体育的发展有区别，校园足球有自己的发展规律、发展特征，所以对校园足球的可持续发展进行评价时，既要树立可持续发展的理念，将可持续发展观体现出来，又要对校园足球本身的发展规律予以考虑。

以校园足球的可持续发展目标为中心，对科学全面、操作性强的评价指标和评价方法进行选用，从而提升评价的科学化水平，充分发挥评价的功能，真正推动校园足球逐步实现可持续发展的目标，这是系统评价校园足球可持续发展的总体思路，评价的具体流程如图 1–5 所示。

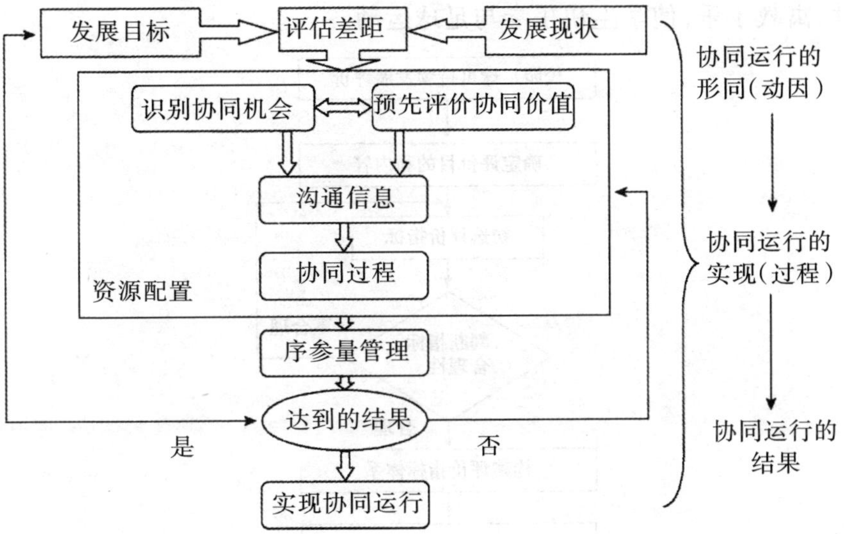

图 1-4　校园足球可持续发展系统的协同运行机制[①]

(三)深化校园足球教学改革

1. 更新足球教学理念

普及快乐足球理念,让青少年学生从足球中享受快乐、享受参与过程、学会尊重他人、自觉全力以赴争取好成绩等。这种简单快乐、积极向上的足球理念使青少年沉浸在欢乐的足球氛围中,对促进青少年身心健康具有重要意义。

2. 创新足球教学方式

第一,结合学校实际制定校园足球教学方案,利用互联网技术开发足球网络课程。

第二,改革足球教学方法和教学模式,设计有启发意义的教学方式,提高学生的参与度和认知度。

第三,在足球教学中培养学生的足球兴趣,激发学生学习的积极主

① 金钢铁.青少年校园足球发展战略研究[M].北京:北京体育大学出版社,2018.

动性，寓教于乐，使学生快乐参与足球运动。

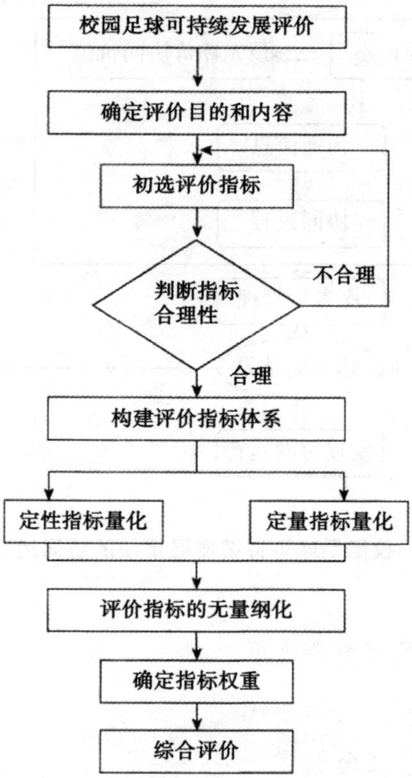

图 1-5　校园足球可持续发展评价流程[①]

3. 培养校园足球师资力量

优秀足球师资力量的缺乏是制约我国校园足球教学发展的主要原因之一。要夯实校园足球的基础，加快校园足球发展，提升校园足球水平，就必须重视对优秀足球师资队伍的建设，培养足球理论素养好、专长突出以及有一定管理能力的教师。增强足球师资力量，既要培养新的队伍，又要对现有队伍进行专业培训，尤其要重点培训足球教练员、足球骨干教师和足球裁判员，培训工作必须具有持续性，从而促进足球教师教学能力、训练能力的持续提升，促进足球教师队伍综合素养的增强，使这支力量在校园足球发展中充分发挥自身的价值。

① 王广．校园足球初级教程[M]．北京：中国发展出版社，2017.

(四)建立选材和育才相结合的校园足球后备人才培养模式

选材指才能发现,育才指才能发展。青少年足球人才选材工作由才能发现、才能确认、才能发展和才能精选4个连续的阶段组成,它们构成了选材的统一体。选材是一个系统的动态过程,包括一系列环环相扣的工作,选材和育才始终紧密相连,不可分割。在青少年足球人才的培养中,要将选材和育才紧密结合起来。基于这一认识,立足我国足球发展实情,可以构建选材与育才相结合的青少年足球人才培养模式,如图1-6所示。

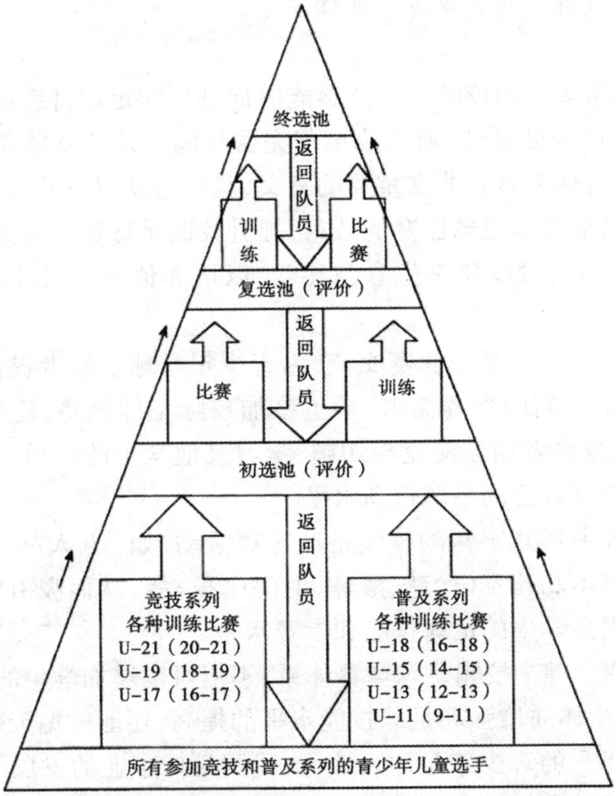

图 1-6 青少年足球人才培养模式[①]

在选材与育才相结合的培养模式下,青少年足球人才的选拔和培养要做好以下工作。

① 金钢铁.青少年校园足球发展战略研究[M].北京:北京体育大学出版社,2018.

第一，面向所有参加足球运动的青少年进行初级选材，选材方式根据选材对象的年龄而确定，16 岁以下的青少年，采用技术达标测试的方式进行选拔。16 岁及以上的青少年，采用比赛方式进行选拔，根据测试与评价结果挑选合格人才。

第二，对经过初选的青少年进行技战术测试，以比赛形式测试，根据最终结果判断是否达标，达标者推荐到上一层继续测试，层层选拔。

第三，对最终入选的青少年进行系统培养，包括体能、技能、智能等多方面的培养，促进青少年后备人才的全面发展。

（五）建立健全校园足球竞赛体系

开展丰富多彩的校园足球竞赛能够促进校园足球持续稳定发展，还能更好地推广校园足球，所以改革与完善校园足球竞赛体制、建立健全校园足球竞赛体系具有非常重要的意义，具体应从以下几方面努力。

首先，增加校园足球比赛的数量，提升校园足球赛事的举办质量，鼓励与引导更多的青少年学生参与比赛，以培养他们的足球兴趣与实践能力。

其次，加强校际足球比赛交流，为青少年足球爱好者提供更多的参赛机会，满足他们的参赛需求，学生参加校际足球比赛，还可以与其他学校的足球爱好者相互交流与切磋，学习其他学生的技巧，发现自己的不足，逐渐提高自己的足球运动水平。

最后，开展形式丰富的校园足球比赛活动，如“五人制”比赛、半场比赛、足球基本功比赛（运球、颠球、射门比赛）等，从而吸引更多的学生参与其中，提高学生的足球技能和参赛水平。

总之，建立健全校园足球竞赛体系，不但可以增加学生的参赛机会，从而促进学生体质增强和足球技能水平的提高，还能挖掘天赋好的足球苗子，培养优秀的青少年足球人才，为我国足球事业的发展提供人力资源保障。所以，我国要加快建立融“校内竞赛、校际联赛、选拔性竞赛、出国交流比赛”于一体的校园足球竞赛体系，并不断完善该体系，发挥竞赛的重要作用。

第三节　校园足球的育人价值分析

一、德育价值

校园足球的普遍开展具有重要的德育价值。少年强则国强，这里不仅是指少年的身体强健，同时也包含少年的品德养成和精神意志水平。可以说，青少年的道德水平关乎民族和国家的文明延续和未来发展。在校园足球教学中，应发挥其德育价值。

（一）培养学生的坚强意志

意志品质决定了一个人应对困难和战胜困难的能力，它是一种综合素质体现，包括自觉、自强、坚韧、自制等品质特性。足球运动作为一项高强度的对抗性运动项目，对运动员的意志品质要求极高。这种意志品质不仅包括能够克服日常训练的枯燥和艰苦，同时也包括在比赛中面对强劲对手的碾压时仍然能奋力抵抗，而不是在精神层面被压垮而放弃。一个足球场大概有 8000 平方米，而运动员需要不停地跑动、接传球、组织防守与进攻、与队友保持最有利的队形等。因此，在一场 90 分钟的比赛中，足球运动员几乎大部分时间都在跑动。除此之外，平均还要完成上百个有球、无球的技术动作，因此运动员的体能消耗是巨大的。如果意志薄弱，则很难始终保持较好的比赛状态，在体力、精力和意志上会接连地出现松垮和溃败。因此，经常参与足球运动的学生，会逐渐形成坚强的意志品质。

校园足球还能培养学生的自我激励能力。自我激励能力是每个人都应该具备的能力，因为在人的一生中，大多数时候并不会有一个教练式的人可以给予及时的指导和支持，也并不总会有人能看到和理解你的困境，因此，最重要的还是要学会自我激励，帮助自己渡过难关。人生有时候很像一场足球赛，你要在赛场上奋力搏杀，你肩负着很多责任，每个人在和队友通力合作的同时，要有能力履行好自己的职责，如果摔倒了必须有能力重新爬起来,因为在比赛中,教练不能上场激励你,队友也不一定正好在你身边可以扶起你。所以,在校园足球的教学活动中,一方面要使学生形成坚强的意志品质,另一方面,还要培养他们养成自我激励的习惯,以便在未来遇到挫折时,能够第一时间安抚自己的情绪,整理好自己,重新开始新的战斗。

(二)培养学生的责任意识

校园足球还可以很好地培养学生的责任意识。比如,无论学生在球队担任什么角色,负责什么位置,他们其实都担负着为球队赢得胜利和荣誉的责任,并非只为自己而努力。因为肩负着更大的责任,也会让学生更有担当,培养出对集体、对团队的责任意识。与团队精神和协作能力相比,责任感是一种更为高尚的道德情感,是令学生快速成长的有效途径。而且,责任感一旦产生就会成为一种稳定的心理品质而伴随学生的一生,使学生终身受益。

纵观世界知名强队,无不要求球员必须各尽其责,充分发挥团结协作精神,因为只有依靠强大的集体力量才能具有超强的战斗力,才有可能战胜强敌。通过足球训练和比赛,学生会逐渐融入集体作战的团队,会体会到个人在集体面前的渺小,也能体会到个人所承担的责任,这一过程就是培养学生责任意识的良好途径。在校园足球教学中,每个学生逐渐意识到自己在足球活动中的职责,无论负责的是前锋、后卫,还是中场、守门员,都具有不可替代的作用,只有每个人都认真做好自己的本职工作,尽心尽责地投入战斗,才能赢得成功。而在足球比赛中,由于自己在球场上出色的组织能力,或者是一次漂亮的助攻、一次绝妙的传球、一个精彩的射门、一次及时的抢断等,都会为球队获得更多的主动权和优势,学生也能体会到自己在球队的重要作用,因此增强了内心的责任感,在日后的训练与比赛中会尽最大的努力去完成任务。并且,具有责任感的学生在其生活和学习中也能充分发挥自身的优秀品质,能够在集体生活和工作中起到重要作用。

（三）培养学生的协作意识

1. 培养学生的团队精神

足球是一项需要团队高度协作、默契配合的运动。团队精神是足球运动的核心，任何一支足球队都需要整个团队的精诚合作才能踢出最好的成绩。这种团队的凝聚力和默契需要长期培养。团队精神可以体现为舍小我为大我的大局观，需要具有一定的奉献精神。并且，在彼此具有高度协作意识的前提下，才有可能发挥出团队的最高水平。

在校园足球活动中每个成员都相互扶持，积极配合。大家为了一个共同的目标而努力，这是个人利益与集体利益的最大化。因此，足球胜利的奖杯永远属于团队而非个人。这是因为足球是一项非常典型的团队合作项目，尽管赛场上只有 11 名队员，但场下还有教练、替补选手、营养师、医务人员、后勤人员等。每一个人都是集体的一分子，每一个人都在为了每一场比赛做出自己最大的努力。在场上努力奋战的队员，彼此协作与配合，尽全力发挥出球队的最佳水平、获得比赛的胜利。每一次的传球、过人、射门、抢断、扑救等，虽然是由一个具体的球员完成，但是它离不开场上其他球员的配合以及为此创造的条件。因此，足球运动是团体的运动，通过长期的训练，可以很好地培养学生的团队意识。

2. 培养学生的协作能力

合作精神是现代社会高度发达的重要因素。个人英雄主义已经退出历史的舞台，现代社会讲求的是合作与融入，只有当更大的价值系统取得成功的情况下，个人才能获得最大的成功。在足球活动中其实亦然，无论哪个超级球队，尽管一名巨星可以给球队带来更大的荣耀和获胜概率，但是总归需要团队的精诚合作才能实现最终的胜利。协作能力是校园足球的主要教学内容，足球教学活动对学生团队合作精神的培养更是具有先天优势。学生在学习每一个技术的时候，都应该明确技术是为达成团结目标而服务的，而并非为了个人炫技而服务。学生在学习足球战术的时候，也应该增强整体战术的意识。因此，在足球教学中实施合作学习，培养学生的团队合作意识和协作能力是非常直接、有效的途径。

二、智育价值

(一)开发学生的智商、情商和动商

校园足球教学对促进学生的智能发展同样具有重要价值。足球作为一项技术难度大、攻防战术情形复杂的竞技体育形式,对运动员的智商、情商都有较高的要求。足球的技术动作需要动用身体的多项素质能力。比如,过人、抢断、射门等,都需要运动员具有良好的判断力、洞察力、记忆力、决断力以及应变能力,这些既是具有较高智商的体现,也是进一步促进和刺激球员智能发展的有力手段。因此,在校园足球教学中,通过指导学生学习各种足球技战术,可以很好地开发学生的智能。而且,足球教学中所需的智力,大多数是对学生综合能力的考验。比如,在一场足球比赛中,由于对某个接传球的判断失误而丢分,那么就会启发学生进行反思和总结教训。当下次再遇到类似的球时,就会有更准确的判断和应对方案。通过多次的训练和经验累积,会逐步培养学生的思考能力、分析能力以及调用资源的能力。

校园足球对学生情商的培养也很重要。近年来我们践行的体教结合理念也可以理解为"智商教育"与"情商教育"的结合。"智商教育"主要是传授各种知识、技能,而"情商教育"则是培养人取得成功所需的很多优良品质和素养。校园足球运动能够培养学生努力拼搏、团队协作、集体荣誉感等良好的精神品质,这对提高学生的情商具有重要意义。

校园足球还具有提高学生动商的价值。动商表示个人综合运动能力的高低。动商是学生踢足球的基础,踢足球也能提高学生的动商。如果把足球的基本动作一一分解,会发现足球几乎包含了人类运动的所有基本动作。以踢球过程中的跑来说,起动过程中包含原地起跑、活动中起跑,有快跑、冲刺跑、曲线跑、折线跑、侧身跑、插肩跑、后退跑等。学生在踢足球时反复练习这些动作,能够提高运动能力。所以说踢足球既是一个人动商的展示,也是在运动过程中培养动商的手段。

总之,学生参与足球运动能使动商、智商、情商相互促进、共同发展。足球运动集跑、跳等身体基本技能于一体,对抗中集随机应变、团队协作、同场组织等于一体,能提升学生的动商水平,活跃智商因子。在踢球时,学生要综合运用观察、注意、思维、想象、记忆等能力做出判断并

采取相应动作，这是对智商的有效培养与锻炼。玩转足球需要队员间的默契配合，这是情商培养的有效载体。在校园足球教学中，要基于全面育人理念，充分发挥足球的智育价值，将动商、智商及情商的培养结合起来。

（二）刺激启发学生的求知欲

校园足球活动在很大程度上能促进青少年的智力发育，足球运动不同强度、不同频率的训练和比赛，都会对青少年的智力发展产生不同程度的影响。学生在参与校园足球活动的过程中，需要启动多种智能活动，包括适应比赛规则，观察球场形势的不断变化，对场上队友和对手的位置、状态、意图随时保持灵敏的观察，并做出合理的反应。也就是说，一场足球比赛是对学生观察力、注意力、想象力等智力构成因素的全面考验，同时也是一种积极的训练过程，能有效地促进学生智力发展。足球运动对学生的智育价值体现在以下三个方面。

（1）通过学习足球运动的基本知识来提升学生的求知欲。足球运动中涉及力学、人体运动学、运动医学、运动心理学等许多学科的知识。提升一个技术能力可能会涉及多个学科的知识。因此，学生在掌握足球技术的过程中，可能会产生对其他相关学科的学习兴趣。

（2）通过掌握足球运动的基本技战术来提升学生的综合智能水平。例如，可以协调发展学生的感知能力、思辨能力、临场应变能力以及队友之间的沟通能力。

（3）通过足球运动可以有效提升学生的创造性。尽管在比赛中运用的足球技、战术都是平时训练中教练教授的，但是要想在赛场上很好地运用还需要一定的创造性。因为没有人能够准确地预知下一场比赛会出现什么状况，在赛场上对技战术的应用完全凭借学生头脑的灵活性以及支配身体的协调能力。这是一种将现有知识和技能进行二次创造的能力。试想在一个宽阔的球场上，学生必须排除场外干扰以及自身的情绪波动，集中精力观察球场上的变化，并及时做出应对，以及能够在快速攻防转换中做出正确判断。这些都需要学生在平时的训练和生活中积累各种经验和技能，校园足球可以很好地引导学生进行自主学习，不断地提高自身的知识技能素养，以提高足球运动水平。

三、体育价值

(一)强身健体

我国开展校园足球活动,不仅是为了实现竞技目标——“为国争光”,还是为了提升学生的体质健康水平。校园足球具有强身健体的重要价值,只有让学生认识到这点,并认识到健康体质的重要性,才能激发学生参与校园足球活动的积极性。学生的日常生活与学习都是建立在体格健康这一身体基础之上的,青少年学生的健康也反映了中华民族生命力的旺盛与强大。我国青少年学生体质下降的问题引起了国家、家庭及社会的热切关注。从游戏中发展而来的足球运动规则简单易懂,场地布置和参与人数、运动时间的多少都可以灵活安排,所以在青少年学生群体中开展这项运动是可行的,且有一定的优势。学生体格发育的质量与其锻炼水平之间是正相关的关系,学生参与足球运动,力量、速度、耐力等各项身体素质都能得到锻炼,再加上多元有效的锻炼方法与科学合理的运动负荷,学生能够取得良好的锻炼效果,身体素质可得到全面协调发展,综合素质也会进一步提高。

(二)普及知识与技能

从普及到提高要经历一个从量变到质变的过程。发展校园足球,必须注重普及足球知识与传授足球技能,这是将足球运动引进学校的一项核心任务,只有先在知识、技能上不断增加量的积累,不断加大普及力度,才有可能达到质的变化,这是一个螺旋上升的提高过程。普及足球知识与技能,还要充分尊重学生的身心发展规律,并结合文化教育的规律不断扩大普及的广度与深度,逐步培养学生对足球运动的兴趣,使学生养成经常参与足球运动的好习惯。此外,利用学校的教育资源,走体教结合发展之路,可培养意志坚忍、品质高尚的优秀足球人才。学校要重点培养天赋好的学生,逐步建立足球后备人才的选拔、培养及输送体系,并不断予以完善,解决我国足球运动人才短缺的问题。

四、美育价值

著名的雕塑家罗丹曾有一句流传甚广的名言，他说“美无处不在，世间并不缺乏美，而是缺少发现的眼睛。”这句话的意思其实是说关于美的理解，是建立在个人对美的认识和感受能力的基础之上的。那么对于体育美而言，需要在体育教学中发挥美育的作用。通过进行体育运动训练，要培养学生发现美和感受美的能力。并且，美育同时也具有促进智力发展、调节神经系统、提高学习和工作效率的功能。另外，美育也能促进学生心理健康发展，对培养和完善健全的人格具有积极意义。由此可见，美育在体育教学中具有深远的教育意义。

在足球运动中，美是无处不在的。美的动作、美的旋律、美的节奏贯穿在足球运动的全过程中。在足球教学中，需要加强对学生欣赏美、追求美、创造美、表现美的意识和能力的培养。足球作为竞技体育中的一顶皇冠，是全球范围内第一大运动项目。与足球相关的庞大产业体系说明了足球拥有这样的地位并不是徒有虚名，足球涉及竞技体育的多个维度，包括全面的身体素质、激烈的对抗以及复杂先进的技术与战术系统。总之，作为竞技体育的一个组成部分，足球具有非常重要的美学价值。因此，在校园足球教学内容中，应该安排能够体现体育之美、运动之美、足球之美的美育内容，并且努力给学生创造更多的实践机会，让学生充分展示自己的审美能力、创造美的能力，并且还要充分调动学生的积极性，帮助学生将已学的体育美学理论运用于实践中，从而加强足球美学教育的效果。

第四节　足球游戏与儿童身心健康

一、儿童身心发展特征

（一）儿童身体发展特征

1. 身高和体重

儿童身高和体重的生长发育特征有性别差异，身体发育和体重增长分别如图 1-7 和图 1-8 所示。通常情况下,男孩和女孩 10 岁以前身高与体重的增长速度相似。10 岁以后女孩身高、体重进入了快速增长期,男孩在 13 岁左右进入快速增长期。14 岁时男孩平均身高一般高于女孩。在生理期过后,女孩身高增长幅度一般不超过 5 厘米,而男孩身高生长可以持续到 20 岁。

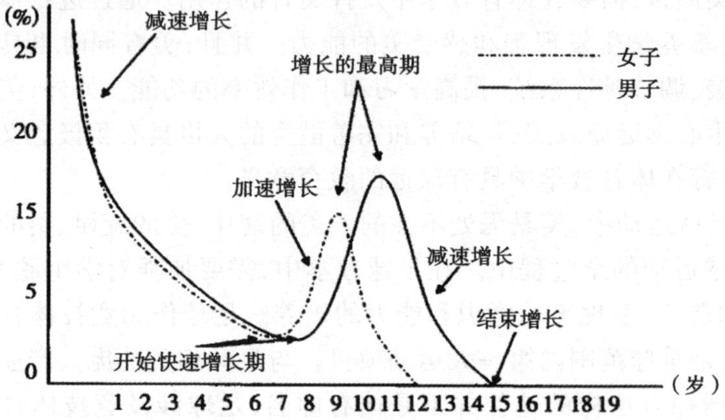

图 1-7 儿童身高增长 ①

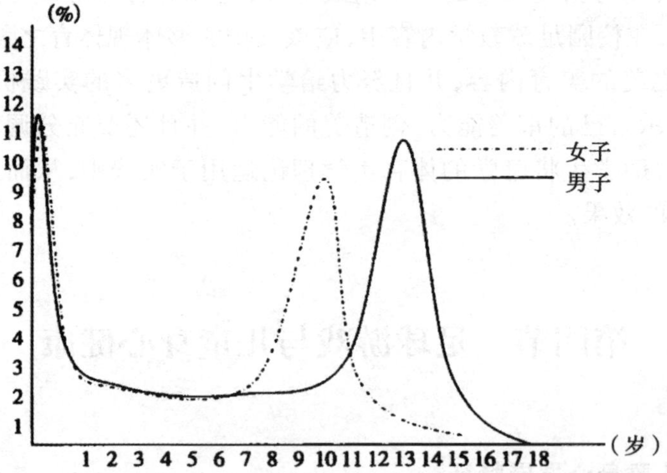

图 1-8 儿童体重增长 ②

① 刘丹,赵刚.青少年足球训练纲要与教法指导[M].北京:人民体育出版社,2011.
② 刘丹,赵刚.青少年足球训练纲要与教法指导[M].北京:人民体育出版社,2011.

2. 骨骼

儿童的骨骼还在生长发育阶段，软骨钙化和增殖促进了骨骼生长。骺软骨的细胞呈现出肥大、增殖的变化特征，再加上钙盐的沉积，从而促进了骨骼生长。骺软骨的增殖速度随年龄增长而下降，而钙盐随年龄增长以更快的速度沉积。成年后，软骨细胞的增殖速度落后于骺软骨内的沉积速度，介于骨骺与骨干之间的骺软骨完全骨化，随着这一软骨板的骨化，骨骺与骨干也充分融合，骨骼长度固定，身高也暂时固定。

儿童骨骼也在逐渐增粗，原因是骨质外层有钙盐沉积，而这源于骨膜内的造骨细胞。儿童骨骼的生长发育水平和营养、内分泌腺健康、体内微量元素等有关，如果营养不够，缺钙，或发生甲状腺分泌不足等内分泌腺疾病，那么骨骼就无法正常生长发育。所以儿童要想长得高，就要通过运动锻炼、补充营养来促进骨骼生长发育。

3. 肌肉

（1）肌肉发育特征

儿童的肌肉中有较多的水分，其他营养素含量较少，如无机物、脂肪和蛋白质。水分多增加了肌肉的弹性和柔软度，但其他营养素分布少影响了肌肉的力量。儿童肌肉中储备的糖原等能源物质较少，和成年人有一定的差距，而且毛细管也较少，所以儿童缺乏一定的肌肉耐力，在肌肉运动中疲劳出现的时间较早。但是儿童疲劳消除和肌肉恢复的速度快，这与其旺盛的代谢有关。

（2）肌肉发育规律

①肌肉重量占比不断增加。

儿童随着年龄的增加，其肌肉重量在总体重中所占的比例是不断增加的，见表 1–1。

表 1–1 青少年肌肉发育规律[①]

年龄（岁）	肌肉重量占比（%）
新生儿	25.0
8	27.2
12	29.4

① 曲宗湖．青少年学生形体教育[M]．北京：人民体育出版社，2002.

续表

年龄(岁)	肌肉重量占比(%)
15	32.6
18	44.2

从上表来看,从出生到8岁这个阶段人体肌肉增长速度慢,从8岁开始逐渐增快,15~18岁增速很快,18岁时与成人接近。

②肌肉生长速度和骨骼不同步。

儿童骨骼的生长速度总是比肌肉生长速度快。男生与女生骨骼快速增长分别是从13~15岁、11~13岁开始,也就是在性成熟阶段。而这个阶段肌肉只是纵向增长,肌纤维细长,但缺乏力量。骨骼生长速度在16~17岁以后减慢,这时肌肉横向生长速度才慢慢增加,肌肉渐渐增粗,变得强壮。

③肌肉生长发育不均衡。

青少年儿童时期,人体不同部位肌肉的生长发育有先后之别,发育较早的肌肉主要是背阔肌、斜方肌、胸大肌、臀大肌等分布在身体浅层的大肌肉,发育较晚的前臂前圆肌、旋前方肌、屈趾肌等基本都是深层小肌肉群。因为肌肉生长发育不均衡,所以青少年儿童时期的足球运动不过分强调动作的协调性和精细化,随着儿童年龄的增长,各部位肌肉全面发展,动作才逐渐协调。

4. 神经系统

儿童神经系统的发育具有以下特征。

(1)发育较早

人的神经系统从胚胎时期就开始发育了,出生后神经系统的发育比其他系统发育要早一些。人体脑重量在6岁时就达到成年期的90%,12岁时接近成人。除了重量的增加,大脑皮层内部结构也不断完善,大脑机能逐渐提高。因为儿童神经系统发育较早,所以在儿童时期适合参加对神经系统机能要求高的运动项目,如足球等。

(2)较灵活

儿童大脑比较灵活,在10~13岁时期尤为突出。所以这个时期适合锻炼速度素质和灵敏素质。

（3）兴奋与抑制过程发展不均衡

儿童神经系统兴奋过程和抑制过程发展强度存在不均衡性，这两种大脑机制灵活转换。新生儿时期，大脑皮层以抑制过程为主，睡眠时间多。随着年龄的慢慢增长，兴奋机制唤醒，活动时间增多，睡眠时间减少。6～13岁时期，兴奋过程占主导，大脑常常处于活跃状态，身体好动，精力充沛。

（4）脑细胞易疲劳

儿童的神经细胞还没有完全发育好，而大脑易疲劳的主要原因是大脑反应能力强。

5. 第一信号系统占主导

儿童第一信号系统的发育领先于第二信号系统，所以能建立具体形象，能较快认识形象生动的事物，但对抽象事物不敏感。所以在儿童足球运动指导中，适合采用直观法。但为了发展第二信号系统，也要适当运用启发法。

（二）儿童心理发展特征

1. 注意

注意包括有意注意和无意注意两种类型。低龄儿童的注意主要是无意注意，时间很短暂。随着不断的生长发育，注意的内容、范围都有所增加，再加上动作语言功能的不断发展，有意注意也出现得越来越多。

儿童注意力容易转移，常常会分散注意力，注意力还不具备良好的稳定性。6岁左右开始能够对自己的注意力有较好的控制，控制和集中注意力的时间会逐渐延长。

2. 记忆

（1）记忆是人人都有的心理过程，它比较复杂。儿童记忆内容少，时间短，往往对带有强烈情绪（高兴、恐惧等）和情感的事情记得比较清楚，对情绪比较平静的事情记得比较模糊，甚至完全没有记忆。

（2）儿童随着生活接触面的扩大，看到的东西、发生的事情越来越多，记忆的内容也随之增多，而且记忆的时间、复杂性也增加了。

(3)儿童期的记忆大都是机械记忆,不是特别精确,而且具有很强的暗示性。随着他们思维的不断发展,其他记忆形式如有意记忆、逻辑记忆开始产生,记忆的东西也变得复杂,记忆越来越深刻。

3. 思维

人的智力活动的核心是思维,人脑的高级活动也集中反映在思维上,人通过语言来表达思维。以自我为中心是2～4岁儿童的思维特征,4～7岁的儿童能够进行具体形象思维,从具体事物的逻辑关系出发在大脑中完成推理。儿童随着不断成长,掌握的思维方法越来越多,如能够分析、比较、综合等,也能进行目的明确的思维活动,思维更加具有逻辑性和灵活性,在此基础上独立思考能力逐渐获得发展。

4. 情绪

儿童情绪特征主要表现为反应强烈、变化快、外显、冲动性强、非常真实。随着年龄的增加,情绪反应慢慢开始稳定,能够对自己的情绪有意识地加以控制。

5. 性格

人的性格并不是生下来就有的,而是在长期的生活中逐渐形成的,它是人的个性心理特征的重要表现之一。婴儿的所有生理需要都要靠成人来满足,非常依赖和信赖亲人。当幼儿可以独立行走,语言功能提升后,可以表达自己的需要,逐渐可以自主吃饭、排便,有了一定的自主意识和行为,但依然依赖亲人,依赖与违拗并存。随着儿童年龄的增加,他们的自主性、自理能力逐渐提升,但当主动行为达不到想要的结果时,就会表现出内疚、失望、生气的情绪。

总之,儿童的身心发展有自身的独特性,随着年龄的增加,身体和心理的发育、发展都会有所变化,我们要了解儿童的身心特点,把握其身心发展规律,并及时发现问题,采取科学有效的方式实施干预,促进儿童健康成长。

二、足球游戏对儿童身心健康的作用

（一）足球游戏促进儿童身体健康

1.促进儿童骨骼发育

儿童正处于发育阶段，如果能够及时进行系统、规律的运动训练，可以帮助他们的身体机能向着更加健康的水平发展。在儿童期进行科学的体育运动，可以有效促进其骨骼生长和身高的发育。骨骼作为人体结构的重要组成部分，既受先天遗传基因的制约，也受到后天体育锻炼的刺激和影响。如果想要拥有一副高大挺拔的身材，在儿童时期提升骨骼性能将至关重要。尤其像足球这一类对全身机能都能进行锻炼的运动项目，能够很好地促进青少年骨骼发育、增强其性能，从而达到增强骨细胞增殖、提高骨细胞活力的目的，使儿童获得更加高大挺拔的身材。

足球是一项集多种动作技巧于一身的综合性运动项目，足球游戏不仅具有技巧性，还具有趣味性，对正处于身体发育期的儿童来讲，可以有效促进其身体发育，尤其是对骨骼的增长和强壮具有相当明显的效果。

2.加速肌肉发育

肌肉组织对人体健康的作用不言而喻，而要想获得健康有力的肌肉组织，必须经过长期、科学的训练。校园足球游戏的教学是一个系统而长期的教学过程，会持续较长时间，因此对发展儿童的肌肉组织非常有利。足球运动中除了守门员外，其他角色都需要大量奔跑，在组织攻防的过程中要完成频繁的传接球动作，在这一活动中需要动员机体多处肌群的参与。为了能在足球活动中有效地发挥和运用各种技战术，需要在日常足球训练中进行基础素质训练和专项素质训练。所以，参加足球游戏和足球比赛的儿童，肌肉组织会变得比较发达。

儿童代谢旺盛、身体发育迅速。如果此时能够得到科学合理的训练，势必会对其肌肉组织的发育和增加起到积极的促进作用。因此，应充分利用儿童身体发育的黄金时期，对其加强趣味足球游戏训练。足球运动作为一种全身性的体育运动，能够同时训练人体的力量、速度、敏捷等素质，以及转身、加速、变速等方面的能力。通过足球游戏活动，可以增强儿童的体质，促进儿童全身重要肌群的生长发育。事实证明，长期参与包括足球游戏在内的丰富足球活动的儿童，其肌肉发展得更为强壮和全面。

3. 促进力量素质的发展

经常参与足球游戏活动的儿童一般都具有较好的力量素质。进行足球运动首先需要适应长时间的奔跑，因此会逐渐发展快跑、中跑、慢跑、变速跑、快速启动、急停等能力。在各类奔跑运动中，儿童的腿部、手臂等部位的力量素质能得到很好的锻炼。在进行远距离传球或射门时，更有助于很好地锻炼力量素质。除了传球和射门外，在足球游戏中还会有一定的身体碰撞，在合理冲撞范围内，儿童如果没有足够的力量，则很容易丢球，还容易受伤。所以，足球游戏对提升儿童力量素质有利，而儿童拥有良好的力量素质也能在足球活动中有更好的表现。

4. 提高神经系统能力

经常参加足球活动的人能够拥有更加发达的神经系统。对处于身体发育阶段的儿童而言，经常参与足球游戏活动将起到促进神经系统发育的作用。通过系统和长期的足球锻炼，可以有效促进神经系统功能的增强，从而对提升整体身体素质、身体机能都有重要作用。具体来说，足球游戏活动对儿童神经系统的影响主要表现在以下三个方面。

（1）足球是一项对技术和战术都有较高要求的运动项目。足球的技战术对活跃和促进大脑神经的发育和生长起到积极作用。在校园足球游戏中，学生学习和掌握各种技术动作、战略战术，这个过程会强烈地刺激和活跃大脑神经细胞。长此以往，儿童的脑神经系统会变得更加敏感。

（2）长期规律地参与趣味足球活动还可以促进机体激素的分泌。儿童在参与足球游戏的过程中，为了适应运动需要，机体分泌出大量的生长激素，这些激素对于促进儿童的神经系统发育和整体身体发育具有重要作用。经常参加足球游戏活动的儿童往往免疫力更强，精神气质也更积极向上。

5. 促进综合身体素质的发展

足球游戏在锻炼儿童身体灵敏度方面也有显著效果。足球游戏能够使儿童的各个身体部位得到锻炼，也能锻炼儿童的综合身体素质，促进儿童身体灵活性、协调性的增长和平衡能力的发展。

（二）足球游戏促进儿童心理健康

1. 提高观察能力

儿童的观察力相对来说发展比较缓慢，但具有一定的稳定性。足球游戏锻炼能够有效培养与提升儿童的观察能力。在足球游戏活动过程中，儿童为了完成游戏任务，对游戏用具、游戏伙伴无意识地观察，从而能够锻炼观察能力。

2. 提高记忆力

科学研究表明，儿童在5岁以前的记忆没有策略性，5岁以后逐渐从无意记忆向策略性记忆过渡。而参加足球游戏活动能够加快这一阶段的过渡，培养儿童的策略性记忆力。儿童参加足球游戏，在游戏结束后引导其回忆游戏过程、游戏包含的环节、游戏中自己与伙伴的表现等，能够促进其记忆力的提升。

3. 调节情绪

运动能够帮助人缓解紧张心理，使人暂时忘掉烦心事，保持愉悦的心情。儿童参加活泼有趣的足球游戏，在身体运动的过程中，情绪中枢受到外界因素的刺激，从而产生愉悦、兴奋的情绪和心理感受。

在足球游戏中，儿童的注意力集中于游戏上，从而在不愉快的事情上分配的注意力就减少了，注意力转移后带来的积极情绪能够替代不良情绪，或者使他们借助体育游戏来释放不良情绪。足球游戏有一定的规则，很多游戏都有成功的标准，如果儿童在游戏中获得成功，则将产生积极活泼的情绪感受，也能培养其自信。如果游戏不成功，产生失落、内疚的情绪，要帮助他们合理疏解、发泄。

4. 发展个性特征

儿童的个性、行为与运动有着密切的联系。因为身体运动中总是伴随着意志力，因而个体的性格能够在一定程度上影响运动中的瞬间爆发力、肌耐力、身体协调能力，影响运动的持久性。

儿童性格与运动能力的关系可以通过运动能力测试结果体现出来。比如，儿童性格倔强，缺乏通融性，运动能力测试成绩总体不如意；儿童性格活泼开朗，但做事比较慌张，运动能力测试成绩忽高忽低，不是特别稳定；儿童做事努力认真，即使不太熟练，运动能力测试成绩总体也是令人满意的，特别是肌耐力测试结果非常好；而儿童做事三心二意，没有耐力，也缺乏气力，其运动能力测试结果往往不够好，特别是缺乏良好的瞬间爆发力和肌耐力。

关于儿童个性特征与运动能力之间的关系的研究还有很多。比如研究表明，喜欢运动的儿童往往性格开朗，做事勇敢、果断，有较强的判断力；反应较慢，但意志力顽强的儿童，做事往往能善始善终，坚持不懈，尽管他们在需要灵活性、敏捷性、瞬发力的活动中表现不佳，但也能从容自信地完成任务，稳定发挥自己的水平。

对儿童个性特征、行为以及运动能力之间的关系有所了解后，要因材施教，设计不同类型的足球游戏活动有针对性地培养不同性格儿童的良好个性品质。例如，对于身体缺乏灵活性、敏捷性，但拥有顽强意志力的儿童，多设计一些躲闪跑的足球游戏活动；对于活泼好动、身体敏捷，但意志力和自控力较差的儿童，适当多设计一些协调性的足球游戏和能够考验和锻炼意志力的游戏。

5. 培养儿童的良好心理素质

（1）培养儿童的竞争意识和意志品质

儿童游戏，尤其是竞争类的比赛游戏能够激发儿童对胜利的渴望以及对机会的把握，培养他们的竞争意识和公平公正、遵守规则的意识。在足球游戏与比赛中，儿童会全力争取自己队伍的胜利，部分家长表示儿童甚至会因为球队没有取胜而哭泣，这极大地锻炼了儿童面对失败、挫折时的心理承受能力，这将有助于培养他们坚韧不拔、永不言败的意志品质。

（2）提升儿童的团队精神

足球是一项极其强调团体协作的运动项目，需要团队的所有人协同合作、团结努力才能取得最终胜利。儿童在足球游戏或比赛过程中必须要相信自己的队友，学会如何将球传给队友，在队友需要时去接应，这将有助于提升合作意识和集体主义精神。经常参与足球运动的儿童更乐于和同学分享自己的东西。可见,丰富有趣的团队足球游戏模式对儿童的思想、行为和品质产生了潜移默化的积极影响。

(3)培养学生的学习态度和智力

无论在平时的足球游戏活动中,还是在足球比赛中,都要求队员在球场上集中注意力,善于观察,正确判断,实施合理的跑动和技术动作。足球游戏或比赛中都有很多不确定因素,因此要求队员更加专注于活动中不可预知的情况,队友之间相互提醒,这些有利于促进儿童学习态度的提升。

足球游戏的活动过程同样是培养和开发儿童智力的过程,是帮助儿童缓解学习压力和排泄不良情绪的过程,能够使儿童保持良好的情绪和积极的学习态度。

(4)培养儿童的自信心

儿童在各种各样的足球游戏中常常会遇到各种困难,产生害怕的心理,当儿童能够不断独立解决问题,并取得良好成效时,会随之产生良好的自我效能感,自信心不断提高。儿童在足球游戏过程中分析问题和解决问题的能力也能得到提升,当他们在学习与生活中遇到难题时,能够独立思考,不再依赖父母或老师。由此可见,丰富有趣的足球游戏在提升儿童自信心方面的积极作用能够对儿童的生活和文化学习产生积极影响。

第二章

儿童足球游戏课程教学理论

在校园足球的普及与推广中，足球游戏对培养儿童的足球兴趣、丰富足球教学内容与方法、活跃足球课堂氛围等具有重要意义。开设足球游戏课程已成为中小学开展校园足球活动的主要形式之一。儿童足球游戏课程教学需要有科学理论的指导，本章重点对此展开研究，主要研究内容包括儿童足球课程教学的一般理论，儿童足球课程快乐教学模式与游戏教学模式，儿童足球课程游戏教学的原则与方法、组织与管理以及儿童足球游戏创编指导。在这些科学理论的指导下进行儿童足球游戏教学，有助于增加教学的科学性与实效性，取得良好的教学效果。

第一节　儿童足球课程教学的基础理论

一、儿童足球课程教学目标

不同学段的儿童足球教学，在教学目标上是有差异的，这是校园足球教学目标阶段性和层次性的体现。由于国际《儿童权利公约》指出儿童是指18岁以下的任何人，根据这个年龄范围，下面简单阐述学前儿童、小学和中学的足球课程教学目标。

（一）学前儿童足球课程教学目标

1. 培养幼儿的综合素质

幼儿足球课程教学重在培养幼儿的基本运动能力，培养身体素质，如柔韧性、协调性、灵活性等，培养独立性、合作性，培养意志力、团队意识及克服困难的勇气等良好心理素质。同时也要矫正幼儿的惰性、依赖性，矫正不良心理素质，并促进幼儿各项智力要素的发展，如专注力、记忆力、思维力、想象力等，使幼儿身体、心理及智力得到全面与均衡发展。

2. 培养幼儿对足球的兴趣

在幼儿足球教学中选择丰富多样、妙趣横生的教学内容和教学方法，重在培养幼儿运动的兴趣、认知和习惯，培养足球兴趣，在足球运动中体验和感受快乐。

3. 培养幼儿的足球文化意识

足球不仅是一项体育项目，还是一个文化载体。在幼儿足球课程教学中要培养幼儿文明、团结进取的足球文化意识，使幼儿真正了解足球、真心热爱足球。

（二）小学足球课程教学目标

小学足球教学是儿童足球教学的一个重要阶段，这一阶段要抓住小学生的身心特点来确定教学目标。总的来说，小学阶段足球教学的目标是让学生通过踢球来进一步提升其对足球运动的熟悉度，使学生进一步对足球运动产生兴趣，自觉地亲近这项运动，并形成基本的球感。

（三）中学足球课程教学目标

中学分初中和高中两个阶段，这两个阶段的足球教学目标是逐渐递进的。

1. 初中

初中阶段足球教学目标主要包括以下几个方面。

（1）使学生掌握基本足球技能。

（2）使学生对足球战术要素、基本比赛规则有一定的了解。

（3）使学生的体能和足球运动能力得到提高。

（4）使学生初步形成足球健身意识。

2. 高中

高中阶段校园足球教学目标主要包括以下几个方面。

（1）使学生熟悉足球战术要素和足球比赛规则。

（2）促进学生体能和足球技能水平的进一步提高。

（3）使学生积极参与足球比赛，培养比赛能力。

（4）使学生的足球运动意识得到增强，养成足球锻炼的行为习惯。

需要注意的是，儿童足球课程教学目标不仅有学段目标之分，还有模块目标之分，即要实现不同领域的教学目标，详见表 2-1。

表 2–1 不同领域的儿童足球课程教学目标

目标领域	具体目标
运动参与目标	(1)使学生养成正确的身体姿势习惯 (2)使学生体能发展良好 (3)使学生关注自己的健康,了解健康的影响因素,清楚不良内外环境因素对自身健康的危害 (4)使学生科学参与体育运动 (5)使学生积极参与足球活动 (6)使学生掌握体育运动的基本技能
运动技能目标	(1)使学生熟练掌握足球技能 (2)使学生在足球比赛中能够灵活运用足球技战术进行对抗 (3)使学生安全参与足球活动,掌握处理常见问题的技能与方法
心智健康目标	(1)使学生对身心健康的重要性及身体发展与心理发展的关系有正确的认识 (2)使学生在足球运动中能够进行情绪的自我调节 (3)使学生养成坚强的意志品质,塑造集体主义精神,提高团结合作能力 (4)提高学生的一般智力水平与运动智能水平
人文素养目标	(1)使学生树立人文思想,积累人文知识 (2)塑造良好的人文情怀,使学生对人类发展与人类价值予以关注和尊重 (3)培养学生的审美情趣和审美素养 (4)弘扬足球之美,对学生发现美与创造美的能力予以培养 (5)对学生的体育意识、体育道德进行培养 (6)使学生形成正确的社会意识,培养民族情感和责任感

二、儿童足球课程教学内容

(一)儿童足球课程教学内容的设置

足球教学内容的选择直接影响儿童足球教学目标的实现,只有合理设置教学内容,恰当选择教学内容,科学实施教学内容,才能逐步实现足球教学目标。为保证儿童足球教学内容设置的科学性和合理性,在设置中要遵守下列准则。

1. 培养兴趣、促进健康

设置与选择儿童足球教学内容，要从儿童足球自身的特点及儿童的兴趣爱好出发来合理安排，足球课上所开展的教学内容应能够使儿童在愉快的氛围中有所收获，取得进步，使儿童参与足球运动的兴趣更浓，意愿更强烈。

足球教学内容必须要能够促进儿童健康，在增强儿童体质的基础上提升足球运动技能。健康的内涵是丰富的，要尽可能选择能够促进儿童身心健康、道德健康以及社会适应能力提升的足球教学内容。

2. 符合年龄、正确排列

在儿童足球教学中，应从儿童的年龄特点出发合理选择教学内容，使教学内容与教学对象的年龄特点相符。应遵循循序渐进、先易后难的原则来正确排列足球教学内容。例如，对于刚开始接触足球运动的低龄和低年级初学者，要以基本球性练习为主要教学内容，多设置一些足球游戏类内容，使儿童的基本运动能力和身体素质得到很好的锻炼。随着儿童年龄的增长和对足球熟练度的提升，则应设置足球基本技术作为主要教学内容，如基本传球技术、运球技术、射门技术等，内容的难易程度逐渐增加，使儿童逐渐掌握足球基本技术。之后可以安排足球比赛类的教学内容来锻炼儿童的足球技术运用能力，培养团结协作精神。

足球教学内容主要有两种排列方法，分别是直线式排列和螺旋式排列，前者是指某一教材内容教过之后就不会再重复，后者是指某一教材内容反复出现在不同年级的教学中，但教学要求是逐渐提高的。在足球教学实践中，往往将这两种排列方法结合起来运用，从而科学排列各项足球教学内容，分清内容主次，达到学习、掌握及巩固的教学目的。

3. 实践为主、理论为辅

儿童足球教学的目的主要是增强儿童体质，培养与提高儿童的足球运动兴趣和技能，培养足球后备人才，这就决定了儿童足球教学应以实践内容为主，多安排实践活动与练习，使儿童在实践参与中不断练习，不断巩固，逐渐提升健康水平和掌握足球技能。

我们在强调足球实践教学重要性的同时不能忽视足球理论教学，理论教学虽然是辅助性的，但也发挥着重要的作用。足球运动历史悠久，在漫长的发展中形成了丰富的理论知识体系,在足球科研中产生了非常多的研究成果。在足球教学中设置生动有趣的理论内容,有助于提升儿童对足球运动的认识水平和参与兴趣,培养儿童的足球理论素养,并为儿童参与足球活动提供科学指导。

4. 科学统一、安全为上

儿童足球课程的教学内容应该是健康文明的,健康价值突出的,教育意义鲜明的,对完成足球教学目标有重要作用的,这些都体现了足球教学内容的科学性,也是设置足球教学内容的重要原则之一。选择足球教学内容必须考虑其是否对儿童的健康有利,是否能够提高儿童的足球运动兴趣与技能,是否能够实现教学目标。

此外,选择与设置儿童足球教学内容还要考虑安全性,要结合儿童的生长发育特点与规律来科学设置,尽可能选择对儿童成长有利的、安全系数高的教学内容。对抗性太强的内容存在一定的危险,发生伤害事故的可能性较大,不适宜作为儿童足球教学内容。

(二)儿童足球课程教学内容示例——小学阶段

小学共有 6 个年级,学生的年龄基本都在 6 ~ 12 岁之间,是从幼儿向青少年转变的重要阶段。小学生从低年级到高年级的年龄跨度较大,身心发育呈现出明显的阶段性特征。在小学阶段抓住学生的身心特点而科学组织与实施足球教学,能够在很大程度上促进学生健康发育与全面成长。因此,在小学阶段要以学生的身心发展情况为基本出发点,遵循学生发育规律,合理设置足球教学内容,制订足球教学计划,选用恰当的教学方法去落实教学内容,达到预期目的。

下面简单分析在不同年级如何从学生实际情况出发对足球教学内容作出合理安排。

1. 小学一、二年级足球教学内容设置

小学一、二年级的学生年龄比较小,从身体上来看,还没有真正开始发育,从心理上来看,他们还是儿童,其身心特点主要表现为力量弱,速度差,注意力集中时间短,好奇心强等。面向一、二年级的学生进行足球教学,主要是普及足球,使学生认识足球,感受足球的乐趣,从而获得愉悦和欢乐。对此,教师可以选择一些简单的足球基础球性练习内容作为教学内容,也可以组织简单的足球游戏,使学生对这项运动产生兴趣,在愉快的氛围中踢球,提高身体协调能力,并为下一阶段的学习打好基础。

适合小学一、二年级学生的球性练习内容有踩球练习、揉球练习、拉球练习、颠球练习等。教师在足球课上设计的足球游戏应该灵活一些,要使学生将注意力集中在课堂上,激发学生的参与兴趣和积极性,并使学生对球的基本空间位置有简单的认识与了解,在此基础上加入基本运球技术的内容,培养学生的协调能力和灵敏性。

2. 小学三、四年级足球教学内容设置

小学三、四年级的学生经历了两三年的小学生活后,无论从思想上还是从心理上,都与儿童时期有所不同,这一阶段的学生集中注意力的时间有所增加,上课比较专注,并喜欢在课堂上表现自己。此外,这一时期学生的身体也开始有所发育,但其协调性、平衡性比较差,因此在足球教学中要注重对这些身体素质的培养。三、四年级的学生有了一定的足球基础,这一阶段要重点学习基本的足球技术,如传接球技术、运球技术和简单的射门技术,通过学习这些技术来对足球技术结构有基本的了解,对足球基本技术动作有初步的掌握,同时使学生对足球的兴趣更强烈。

在小学三、四年级的足球教学中,基础球性练习的内容和方法都应该比小学一、二年级阶段更丰富一些,如从原地练习过渡到移动中练习,从单脚练习过渡到双脚练习,增加磕碰球、拖拉球等球性练习,使学生能够更好地控制球。在传接球与运球技术教学中,除了继续巩固脚背正面接球、脚背正面运球技术外,增加新的传接球方法和运球方法教学,如脚内侧传接球、脚背内(外)侧运球等。

3. 小学五、六年级足球教学内容设置

小学五、六年级的学生正处于运动技能发展的敏感期,这一阶段的孩子身体迅速发育,心理上自我意识逐渐形成,经过之前几年的足球学习经历,形成了一定的足球基础,对足球技术的构成、基本技术的动作方法都有了不同程度的了解。这一阶段足球教学目标主要是继续强化学生对足球运动的兴趣,提高学生的足球技能运用能力。为达到这一目标，应设置一些具有对抗性的、具有一定强度的足球技术作为主要教学内容，并组织对抗性的足球比赛，使学生在比赛中灵活运用和巩固所学技术。

在小学高年级足球教学中，之前低年级阶段的教学内容依然可以继续教，以达到不断熟练、巩固和提升的效果。要注意的是，虽然教学内容没变，但教学形式的难度要大一些，要求也严格一些，而且要将组合、对抗等新元素加入其中，以实现更高水平的教学目标。

三、儿童足球课程教学方法

（一）儿童足球课程常用教学方法

1. 教法

足球教法的实施主体是足球教师，足球教师要从儿童身心特点出发选择科学的、可操作的、能够实现特定教学目标的教法来传授教学内容。足球教法与学练法中，以教法为主导，这是由足球教师在足球教学中的主导地位所决定的。以足球教师为主的足球教法主要有以下几种。

（1）语言法

在儿童足球教学中，足球教师运用生动形象的语言来启发和指导儿童学习足球知识和技能，以满足教学要求、达到教学目的，这就是语言法。儿童在足球课上学习知识和技能，不仅需要完成身体活动，还需要运用智力和非智力因素，因此足球教师要用恰当的语言来启发儿童、鼓励儿童，用准确的语言讲解动作要领，在不同教学情境下运用不同的语言使儿童集中注意力去学习，获得良好的课堂体验。

（2）直观法

足球教师运用直观方式作用于儿童的感觉器官，引起儿童感知的教法就是直观教学法。直观法是儿童足球教学中非常重要的教学方法之一，通常与语言法结合起来运用。教师采用直观法教学时，要求感情充沛、精神专注、动作准确优美，并配合生动有趣的语言讲解，同时还要求态度和蔼，有耐心，使儿童在教师的感染下产生学习兴趣和热情，在教师的耐心引导下更有自信掌握好足球技术。

（3）完整法与分解法

完整与分解教学法在儿童足球教学中的运用也很频繁。对于比较简单的足球动作，或者在以培养完整动作概念为主要目的的教学中，教师可以完整连续、连贯流畅地示范整个动作。

儿童对动作结构有一定的掌握后，为了使其准确掌握动作，应对完整动作进行合理分段，分成几个连续的部分来逐一教学，儿童掌握各部分动作后，再连贯完成整个动作，以提高学习效率，把握好动作结构之间的内在联系。

2. 练习法

练习法的主体是儿童自己，在足球课程教学中，儿童常用的练习方法有以下几种。

（1）重复练习法

在相对固定的条件下反复练习一种足球技术，以达到熟练和巩固的效果。

（2）循环练习法

从练习目的出发，将若干练习点和练习手段确定下来，按顺序、路线和要求依次循环完成各个练习点，以不断熟练练习内容，巩固练习效果。

（3）游戏练习法

足球教师编排一些足球游戏，使儿童分组进行游戏练习，或者设计一些个人游戏，使儿童自主练习，以活跃课堂氛围，培养儿童的足球兴趣和练习积极性。

（二）儿童足球课程教学方法的选用

足球教学方法众多，在儿童足球课上选用什么样的教学方法直接影响课堂教学效果，影响教学目标的实现。因此，不能盲目选用教学方法，要有科学依据，要遵守科学的规则去选用恰当的教学方法。具体来说，在儿童足球课程教学中选用足球教学方法要遵循下列原则。

1. 根据教学目的与任务选用

在足球教学的不同阶段，教学目的、教学任务有所差异，在同一阶段的足球教学中，不同足球课的课堂教学目标和教学任务也有所不同。对足球教学方法的选用要以足球教学目的和教学任务为依据，根据不同的教学目的与任务选用具有针对性和实用性的不同教法，实现教学目的、教学任务、教学内容、教学方法的统一，整体提升课堂教学效率和教学质量。例如，在足球新授课上，要以语言教学法、直观示范教学法、直观演示教学法为主，从而以简化繁，使儿童更好地掌握足球动作要领。在足球练习课和复习课上，以比赛法、练习法等教学方法为主，以达到巩固技能和提升技能水平的教学目的。

此外，在足球单元教学中，课程前半段的主要教学目标为培养儿童的足球兴趣，可采用游戏法、发现法来教学，课程后半段为了对儿童的自主学习能力进行培养，可主要采用小群体教学法、比赛法等方法展开教学。

2. 根据儿童实际情况选用

在足球教学中采用何种教学方法，要着眼于儿童的实际情况，根据儿童的体能与技能基础、生理特点和心理特点选择适当的教学方法。足球教师考察儿童的实际情况时，包括对年龄、智力、能力、身心发育情况、学习兴趣与态度等多方面的考察，然后作出恰当的选择，只有如此，才能发挥出教学方法的作用。

3. 根据教学方法的属性选用

任何教学方法都不是万能的，都会受到适用范围和使用条件的限制，因此有必要了解各种教学方法的局限性，因时而动，把握时机，掌握分寸。这就要求足球教师从各种教学方法的适用范围、教育功能、使用条件、优劣势等属性出发，审时度势，灵活应用。

由于不同的教学方法有各自的优势和不足，能够产生不同的运用效果，因此要根据教学需要而对各种方法进行优化组合，优化模式参考图2-1。

（三）儿童足球课程教学方法运用示例——小学阶段

小学阶段时间跨度大，学生身心发展差别也较大，因此下面分三个阶段来探讨校园足球教学方法的应用。

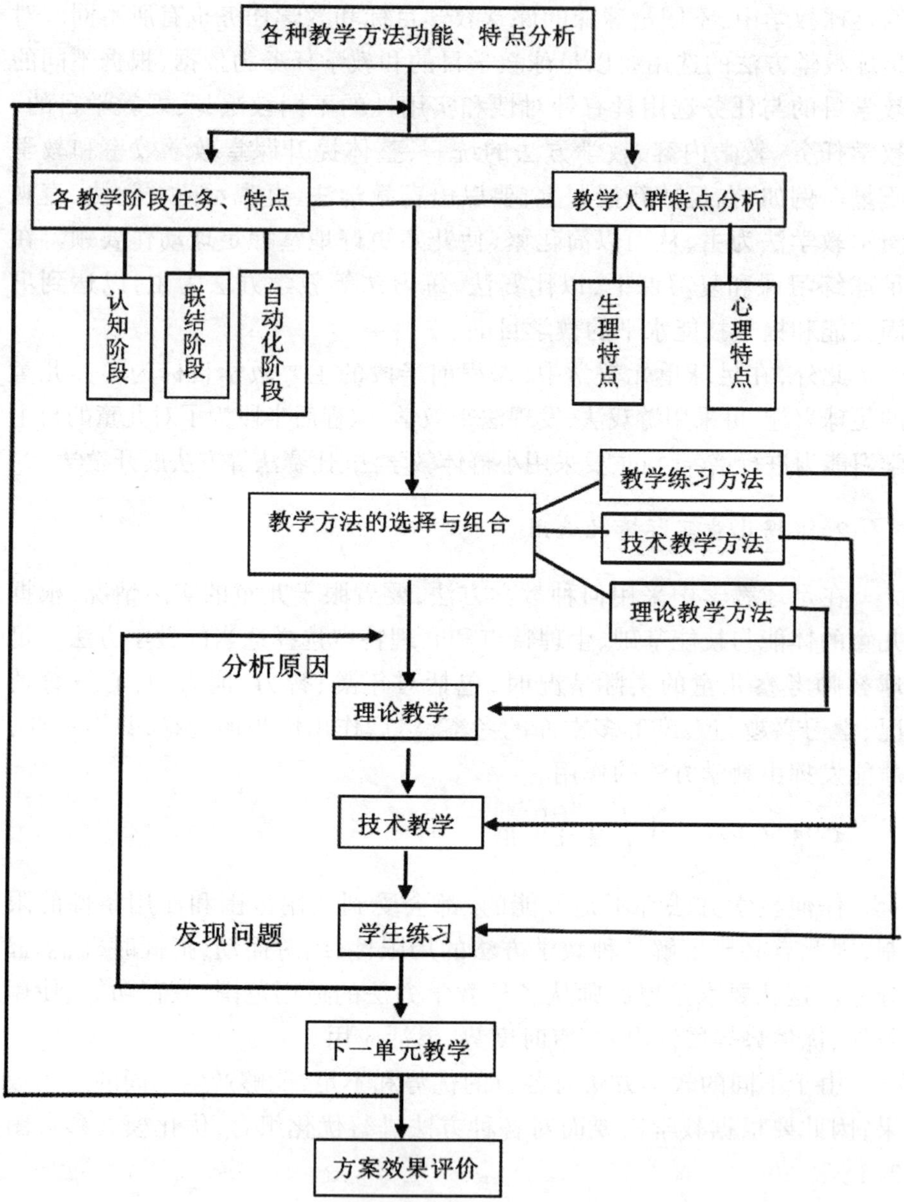

图 2–1　足球教学方法优化模式 ①

① 张建龙，王炜．体育教学方法优化组合的依据、原则与程序[J]. 新西部（下半月），2009（5）：241+238.

1. 小学一、二年级教学方法

小学一、二年级的学生对课堂常规比较陌生，上课时好动，难以维持课堂纪律。而且除了好奇心和模仿能力较强外，其他各方面能力的发展都处于初始阶段，缺乏主动参与、合作学习的能力，因此适合采用语言法、直观法和其他有趣的游戏方法进行教学。

2. 小学三、四年级教学方法

小学三、四年级的学生形成了清晰的课堂概念，好奇心和模仿能力同样很强，对足球活动也形成了基本的感性认识，但因为不熟练技能，经常做出违背运动规律的自创动作，因此必须加以规范和纠正，并提供安全保障。对此，教师应选用语言法、完整法和分解法等教学方法来教授正确技能，提高学生的足球运动能力。

3. 小学五、六年级教学方法

小学五、六年级的学生生理和心理上较之前明显成熟，他们思维敏捷、善于观察、认识能力较强，而且模仿能力和好奇心依然比较强，经过几年的足球学习积累，具备基本的足球运动能力，有强烈的参与和表现欲望。针对这些特点，应注重进一步提升学生的技术能力，选用完整与分解教学法；重复、循环和比赛练习法，以巩固和提高其技术水平。

四、儿童足球课程教学评价

（一）教师教学的评价

1. 评价内容

在儿童足球教学中，对教师的教学进行评价，主要是评定教师的工作完成情况，包括完成的数量、质量和工作价值。在教师教学评价中，应重点对其专业素质和课堂教学组织情况展开评价。

（1）专业素质评价

对足球教师的专业素质进行评价，主要包括下列三个方面的内容。

①职业道德

在职业道德方面，主要评价教师的敬业精神，评价教师是否尊重学生和热爱教育事业。

②教学能力

对足球教师的教学能力进行评价时，应着重评价以下能力。

第一，对足球教学内容的熟练程度。

第二，熟练掌握与灵活运用现代教育理论和先进教学方法的能力。

第三，体育教学基本技能。

第四，培养儿童足球兴趣、终身体育意识与良好锻炼习惯的能力。

第五，运用现代教育技术对足球教学资源进行开发的能力等。

③教育科研能力

在教育科研能力的评价中，一方面要评价足球教师的学习能力；另一方面要评价其研究能力。

（2）课堂教学评价

评价足球课堂教学情况，应将发展性评价和结果性评价结合起来，目的是改进足球教师的教学工作，提高课堂教学效率和效果。具体评价过程中，要从课堂教学目标、课堂结构安排和组织、教学内容的适宜性、教学方法的合理性、师生互动情况、教学技巧运用情况及最终教学目标达成情况等多个方面着手展开。

对足球教师的教学进行评价，既可以评价一节课的教学情况，也可以进行阶段性评价，还可以从整个课程的教学情况出发展开评价。评价足球教师教学活动的有效性，主要是看教学结果是否达成了教学目标，这主要从儿童的学习结果中反映出来。此外要重视对比性评价和过程性评价，即评价儿童学习前后的差别及其在学习过程中的态度和进步情况，这些都能真实地反映教师的教学情况。

2. 评价形式

在足球教师教学的评价中，要从足球课程要求和开展现状出发制定足球教师专业素质评价量表和足球教师课堂教学情况评价量表，展开定量评价，同时要结合儿童评述和教师自身的评述来进行定性评价。

（1）教师专业素质评价形式

教师专业素质的评价主要采用定量评价、阶段评价、综合评价、自评、他评（专家、同行）等几种形式。

(2)课堂教学评价形式

课堂教学的评价主要采用下列两种形式。

①即时性评价

这是一种教师自评的方式,在每次足球课结束后,教师简要评述本节课的情况,以总结为主。

②阶段性评价

阶段性评价以总体评价为主,评价主体可以是专家,可以是同行,也可以是学生,每学期随机评价若干次,将定性评价和定量评价结合起来。定量评价以分析和对比学生的成绩为主要标准。

阶段性评价的结果要及时向评价对象反馈,并提出合理的建议,为足球教师提供参考。

(二)学生学习的评价

1. 评价目的

在儿童足球教学中主要出于以下几方面的目的对儿童学习进行评价。

第一,对儿童的学习表现加以了解,清楚儿童的学习情况与学习目标之间的差距。

第二,对儿童在足球学习中遇到的问题加以了解,并分析原因,从而对教学过程加以改善。

第三,通过测验进行评价,使儿童展示自己的个性和足球水平,鼓励儿童勇于表现自己。

第四,对儿童的自我认识、自我意识进行培养。

2. 评价内容

学生学习的评价内容包括三个方面,分别是侧重于侧向水平能力评价的"技能性评价""素养性评价"和侧重于纵向进步评价的"发展性评价"。

(1)技能性评价

技能性评价主要是评价儿童的身体素质、足球运动能力,评价时主要参考足球教学的运动参与目标、运动技能目标和健康目标。

（2）素养性评价

素养性评价主要是评价儿童的道德素质，主要参考的是足球教学中的心智健康目标和人文素养目标。具体评价内容包括儿童的运动心理、团结协作意识与能力、责任感等。

（3）发展性评价

发展性评价属于动态性评价，以阶段性评价的形式展开，主要用于横向对比儿童的进步情况。

3. 评价形式

从评价主体来看，评价形式主要有儿童自评、互评以及以教师、家长为主体的他评。

从评价方式来看，既有定性评价（评语式），也有定量评价（分数等级式）；既有即时性评价，也有阶段性评价。

第二节　儿童足球课程游戏教学的原则与方法

一、儿童足球课程游戏教学的原则

儿童足球课程游戏教学的顺利开展与良好教学效果的取得离不开对一系列基本教学原则的贯彻及对相关要求的执行，具体教学原则有以下几项。

（一）日常性原则

日常性原则是指足球游戏要以恰当的形式出现，特别是要与儿童的日常生活、学习息息相关。足球游戏活动不仅要能够发展各种身体素质，而且这些游戏要与儿童的基本认知有关，可以方便儿童课后进行多次重复练习，达到巩固提高的目的。简而言之，日常性原则要求足球教师多从儿童的日常生活中收集游戏素材，使儿童对游戏充满亲近感和熟悉感，从而有利于游戏教学的顺利进行。

（二）适量性原则

适量性原则是指在足球游戏活动过程中有意识地控制游戏时间、游戏强度和游戏密度。由于儿童的身心发展尚未成熟，骨骼、肌肉还处于发育阶段，认知能力有限，因此在选择足球游戏时一定要贯彻适量性原则，防止过大的运动负荷造成他们脊柱弯曲、骨盆变形，或者用力过猛导致关节脱臼或组织损伤。同时，儿童心肺功能还不够成熟，不宜进行持续性较强的游戏活动。所以，一定要在安全的前提下进行游戏教学，在运动负荷上遵循适量性原则，防止过度疲劳或过度兴奋，以免影响身心健康。总之，儿童足球游戏的教学形式、内容、运动负荷都要符合适量性要求，在游戏教学的实施过程中具体要注意如下几点。

1. 合理调节负荷、节奏

从儿童的认知能力这一视角来看，适宜选择难度适当的足球游戏。一般来讲，游戏的前半部分可安排有一定认知难度的内容，比如新的或较难的动作，而后半部分则以难度较小或带有复习性质的内容为主。这样既保证了儿童可以学习新内容，同时难度又不会过大，以免导致儿童产生畏难情绪。从儿童的情绪来看，应遵循循序渐进的原则来安排游戏运动负荷，如果一上来就安排让儿童情绪过度兴奋的内容，会影响新动作的学习和掌握，因此，可以在后半部分适当地让儿童的情绪释放，尽情玩乐。在意志负荷方面，也应符合儿童的接受能力，一点一点地增加难度，选择儿童可以逐渐接受的游戏。

2. 科学安排游戏时间

在组织儿童足球游戏教学的过程中，教师要对游戏时间有合理的把握。教师讲解和示范时间的占比要适量，如果时间太短，儿童还不能完全理解，如果时间太长，儿童的注意力容易转移。在游戏的实施阶段，教师应观察儿童的表现，适时结束游戏。

3. 课前做好准备工作

足球游戏多在户外进行，这需要教师提前对天气情况有所了解，同时还要确保场地和相应设施的安全，这些都要求教师在课前做好充分的准备工作。此外，教师还要根据季节和气温情况决定游戏的运动负荷。

比如，在炎热的夏季避开日照强烈的时间段，选择活动量小的游戏；在寒冷的冬季可选择在中午左右进行游戏，并适当增加练习密度和运动负荷。

（三）兴趣原则

在组织儿童参与足球游戏时，要格外重视儿童的兴趣表现。一般而言，儿童对外界充满好奇心，愿意探索新奇的事物，兴趣是他们最大的学习动力。但由于每个孩子都具有一定的天性差异，有的喜欢对抗类的游戏，有的更喜欢合作类的游戏。这就需要教师的协调和引导，尽量让每个儿童都能积极参与各类足球游戏，在培养兴趣的同时使他们对其他游戏产生好奇心。只有根据儿童的兴趣爱好进行足球游戏教学，才有助于充分调动他们的积极性和主动性，他们才能学得更快、记得更牢。

（四）从实际出发原则

从实际出发原则是指教师在组织游戏教学时，应该根据实际情况灵活地安排对儿童发展最为有利的游戏。比如，按照教案的安排，一节课有一个游戏计划，但是如果儿童对该游戏都已经非常熟悉，失去新鲜感和热情的话，教师应根据实际情况迅速做出相应调整，通过增加或降低难度、改变规则或动作等方式进行相应的创新，选择最能激发儿童参与热情的足球游戏进行教学。因为只有儿童能够全情参与，才能获得最好的教学效果，才能使儿童真正受益。

（五）差异性原则

差异性原则是指教师在足球游戏教学过程中要充分考虑儿童的个体差异。因为不同儿童的发育速度、发育水平存在差异，有的认知能力发展得较早，有的则发育较晚；有的语言表达能力发育良好，有的则相对迟缓；有的身体素质发育良好，有的则个别素质发育缓慢。总之，教师应重视儿童的个体差异情况，并根据个体差异程度采用不同的游戏，进行不同的指导，做到因材施教。这就要求教师具有丰富的教学经验，对儿童的发育规律有一定的了解和掌握，并能够敏锐地观察每个儿童的表现情况，进行适时的引导。

（六）全面发展原则

全面发展原则是指在足球课程游戏教学中，根据儿童的身体发育情况，针对其各个部位、器官系统的生理机能，针对各项身体素质和基本活动能力，有目的性、针对性地设计相应的游戏，目的是使儿童的身体得到全面锻炼和发展。与此同时，也要注意培养儿童的个性、意志品质和人际交往能力，真正让儿童身心全面发展。

具体来说，贯彻全面发展的教学原则要注意以下两点。

（1）尽量选择能够让儿童身体全面活动的游戏，或者针对足球运动对参与者身体素质的要求来针对性地、循序渐进地安排专门发展某项身体素质的游戏，如先安排力量类游戏，再安排速度类、耐力类、平衡类、灵敏类、协调类游戏等。

（2）要激发儿童对各种游戏的兴趣，鼓励儿童积极参加游戏，并能自主设计简单的足球小游戏，促进儿童心智能力和创新能力的发展。

二、儿童足球课程游戏教学方法

在儿童足球课程游戏教学中，为了达到良好的教学效果，科学有效的教学方法必不可少，教师在游戏教学中要结合各方面的实际情况和为教学目标服务的需求来合理采用教学方法。

下面具体分析适合在儿童足球课程游戏教学中采用的教学方法。

（一）讲解法

讲解法是指教师使用各种符合儿童认知与接受能力的语言，对足球游戏进行讲解，使儿童能够理解和记住游戏的动作要领、规则及要求，通过教师的指导，儿童能够顺利地完成游戏。采用讲解法进行足球游戏教学，要注意以下几点。

（1）以简洁、形象、生动的语言进行讲解。

（2）教师在讲解时，应注意语调、节奏、表情和手势等的变化，激发儿童的想象力和兴趣。

（3）讲解应富有启发性，可适当结合提问的方式，启发儿童积极主动地思考与回答。

（二）示范法

示范法是指教师准确示范游戏方法和过程，让儿童能够对游戏有直观的、形象的了解和掌握。由于儿童思维更多的是形象思维，逻辑理解能力相对欠缺，因此，教师的示范对帮助儿童掌握游戏方法具有积极作用。教师在采用示范法时应注意以下几点。

（1）每次示范应有明确的、具体的目的。考虑到儿童的接受能力，教师的每一次示范动作最好只有一个目的，并且通过放慢速度的方式进行示范，让儿童能够清晰地看到动作过程和动作要点，方便他们掌握和记忆。

（2）选择正确的示范面。常用的示范有用镜面示范、侧面示范和背面示范。教师在进行示范时，应根据动作的便捷观察角度合理选用示范面。简单的动作可以采用镜面示范；如需改变方向或是路线，则采用背面示范，便于模仿学习；如需让儿童看清动作的细节，可以采用侧面示范。各种示范面也可以结合使用，根据实际情况灵活安排。

（三）练习法

在教师讲解和示范后，要让儿童进行模仿和练习。在教师的指导下，儿童通过模仿和自己主动思考，进行各种足球游戏练习。练习法主要是让儿童亲身体会游戏的过程，通过身体力行，逐渐掌握足球技能。运用练习法时应注意以下几点。

（1）教师应及时预防与纠正儿童的错误动作，可在游戏前进行提醒，也可以在游戏过程中观察儿童的动作，指出错误，分析错误产生的原因，有针对性地给予指导和帮助。

（2）遵循循序渐进的原则，合理安排练习与休息的时间，使儿童情绪饱满地投入到足球游戏中。

（3）采取多种足球游戏形式提高儿童练习的兴趣和积极性，从而提高练习效果。

（四）游戏创设法

创设与运用足球游戏是儿童足球游戏课程教学方法最显著的特点。儿童足球游戏与一般的体育游戏不同，它将游戏和足球教学融合起来，突出儿童学习的主体性和发展的综合性，需要在教师的有效干预下去实施。创设足球游戏要求将其与足球教育融为一体，使足球教学目标在足球游戏过程中得以实现。创设的游戏要能够使学生在良好的情境中学习，将儿童的参与积极性成功调动起来。此外，儿童身心发展规律、儿童足球教学训练原理等也是创设儿童足球游戏的理论依据。

在足球游戏的运用与实施中，整个过程离不开教师的有效干预。教师的干预必须是有效的，也就是通过干预要能够对儿童的学习起到积极的作用，而不是一味惩罚违背游戏规则的学生或批评没有完成游戏任务的学生。游戏教学法的实施过程具体包括创编游戏、选用游戏、干预控制游戏过程以及评价游戏实施效果等多个环节。

（五）情境教学法

情境教学法指的是教师在教学过程中有目的地引入或创设生动形象的、具有一定情绪色彩的具体场景，引起学生的态度体验，从而帮助学生理解教材，促进学生心理机能发展的教学方法。[①] 将情境教学法引入儿童足球游戏教学中，应该创设适宜儿童参与的足球游戏，营造生动有趣的教学环境，使学生的娱乐需求、踢球需求、交往需求、体验需求、安全需求、被理解和认可的需求等多方面的需求得到满足。

在足球游戏教学中采用情境教学法，还需要使用一些新颖有趣的游戏道具来激发学生的学习热情，同时要保证教学情境的丰富性、适宜性，要能够使学生的学习动机被成功激发出来。

此外，在运用情境教学法时，教师不仅需要对物质环境、教学内容进行有效设计，同时还需要通过行为、态度及情感等的积极引导，使儿童沉浸在一个半想象、半真实的虚拟场景中，并能够全情地投入游戏中，达到“共情”的效果。

---

① 王广．校园足球初级教程[M]．北京：中国发展出版社，2017.

（六）启发式教学法

传统足球教学中，教师采用的教学方法具有较强的指令性，教学方式以命令学生执行某个规定为主，教师在课堂上有绝对的支配权，这严重限制了学生主体性、能动性和个性的发挥，也不利于调动学生学习的积极性，对学生的长远发展是不利的。此外，教师控制课堂也忽视了与学生的互动，不利于良好教学氛围的形成。

为提高儿童主动参与足球游戏的积极性，在足球游戏课程教学中应将一部分控制权交给学生，以启发式教学为主，足球教师主要是利用学生的足球基础知识、基础技能及其他相关知识等个人经验，选择学生身边发生的事例去引导他们主动思考、实践，并有所领会和感悟，这对学生掌握足球知识和足球游戏方法具有积极作用。

在儿童足球游戏教学中采用启发式教学法，教师要适当提一些问题，以开放性问题为主，体现出问题的预设性和描述性，提问要有依据，要具有系统性，便于儿童独自生成信息，使儿童能够主动思考、判断和做出回答。启发式教学方法的应用形式是多种多样的，包括直观启发、比喻启发、对比启发等，在教学中要灵活应用不同形式的启发方式，引导儿童积极思考，提高学习效果。

（七）合作教学法

在足球游戏课程教学实施中，不仅要采用启发式教学法培养儿童的积极主动性和思考能力，还要采取合作教学法对儿童的团队精神、合作能力及社会适应能力进行培养。采用合作教学法的理论依据主要是素质教育理论和合作教学理论，合作教学中不仅要强调学生与学生之间的合作，还要注重师生之间的合作和教师与教师之间的合作，营造良好的课堂氛围，具体采用学习小组的教学组织方式，在教学评价中不仅要评价个人表现和成绩，还要评价小组成绩，具体采用的教学手段要有助于促进学生良好心理品质的形成和合作能力的提升，增强学生的社会适应性。

在合作教学过程中，要合理划分学习小组，各小组分工明确，每个学生要清楚自己的角色，小组成员之间相互合作，取长补短，发挥团体的力量来提升团队成绩。

（八）分层教学法

儿童足球游戏教学中非常适合采用分层教学法。分层教学法是指在设计游戏教学内容和方法时，寓教于乐，将知识深入浅出地融汇到游戏之中，使儿童在游戏的过程中掌握运动技巧，掌握一些规范和知识。在儿童足球游戏的教学过程中，教师要注意足球知识和技能的分层教学，即游戏为表，理论知识为里，表里结合，使教学层次更加丰富。儿童的理解能力有限，需要将知识和道理融入游戏和活动中进行教学。

足球教师在游戏教学中不仅要教授一些基本的技能，还要兼顾儿童的个性、情绪和认知能力，全面分析儿童的学习特征，根据儿童的特点对游戏内容和方式进行创新，这样才能充分照顾到每个儿童的个性，为儿童身心素质的发展保驾护航。

（九）多媒体教学法

当代社会，多媒体教学法已经渗透到教育的各个领域，其中也包括学前儿童和中小学教育阶段。面对多媒体技术感兴趣的儿童，采用多媒体教学是非常有必要的。多媒体教学法具有丰富的视听素材，可以帮助儿童更快、更准确地理解游戏内容，教师可以采用直观的多媒体教学手段更加生动地传授游戏方法与经验，这非常符合儿童的认知水平和兴趣爱好。儿童的思维是形象的、跳跃的，他们更适合接受直观、形象的信息传授方式，而且，通过卡通或者逼真的声音模拟、视觉模拟，能够充分地调动儿童的兴趣和好奇心，从而很快地投入游戏中。

在多媒体设备的辅助下，教师可以将单调、难以用语言生动表达的游戏内容转化成为儿童喜欢的动画形式，在声音、画面全面环绕的情境下，儿童可以更好地集中注意力去掌握游戏方法。

第三节　儿童足球课程兴趣培养教学模式与游戏教学模式

一、儿童足球课程兴趣培养教学模式

兴趣培养教学模式的指导思想是快乐体育思想，它主要是抛弃以往枯燥的体育教学，使儿童通过愉快的运动来感受成功和喜悦，并加强同伴间的合作与理解。快乐体育兼顾了儿童的兴趣，关注儿童的情绪体验，崇尚快乐和成功的感受，对儿童体育兴趣的培养及终身体育观念的形成是非常有益的。随着我国学校体育改革的不断深化，快乐体育思想已逐步被广大教师接受，并对我国学校体育教学产生较大的促进作用，在实际教学运用中取得了一定的实践效果。

体育学科中的兴趣培养教学模式主要是在体育教学中以运动为基本手段，采用恰当的、有趣的教学方法培养学生的兴趣，增强学生体质，使学生获得快乐体验的教学模式。

将兴趣培养教学模式运用到足球教学中，关键要培养儿童的学习兴趣，需要在传统足球教学模式的基础上增加趣味性，激发儿童的兴趣，培养儿童的创造力和想象力，让儿童主动参与足球运动。具体可通过以下几方面来实现此目的。

（一）合理设计足球教学内容

设计活泼有趣的足球教学内容，有助于激发儿童的学习兴趣。

1. 动画足球

足球活动不一定非要在足球场上采用固定的教学模式开展。可以将学习内容改为儿童最爱看的动画或最爱的玩具，组织儿童在教室内观看有关足球的视频，让儿童扮演动画人物、足球明星，也可以进行进球动作的设计，让他们相互评价，相互学习，提高对足球的兴趣。总之，动画足球可以不局限于课堂，从儿童自身的角度出发激发学习的兴趣。

2. 足球游戏

以足球为主的游戏，在足球活动中加入一些游戏成分，使足球练习变得不再枯燥。这种形式不仅可以练习足球，还可以激发儿童对足球的兴趣。加入足球元素的游戏，可以是在其他运动中加入快乐足球元素，也可以将其他游戏转变成足球游戏，从而使儿童突破思维定式，感受不同的乐趣。无论是什么样的游戏方法，都要以培养儿童的兴趣，发展儿童的能力为目的。

3. 足球比赛

处于启蒙阶段的儿童，对一些较复杂的规则理解不透，因此在进行足球比赛时，不要对儿童进行太多的约束并提出过于严格的要求，只要不违反基本规则，比赛就可以继续进行。足球比赛是儿童最喜欢的教学环节，在教学中安排 15 分钟左右的比赛时间，使儿童从足球比赛中学会相互协作，感受团队精神；形成胜不骄、败不馁，勇敢克服困难的精神；形成顽强拼搏，永不放弃的精神，并使儿童真正感受足球的魅力。

（二）采取趣味性教学组织形式

目前，儿童足球教学组织形式主要采用以班为群体的集体教学形式，虽然整齐划一，秩序井然，也便于整个教学过程中的控制，却不易照顾儿童的个体差异和针对实际情况进行有效的教育和培养。因此，我们要尝试在足球教学过程中改变教学组织形式，通过新型的组织形式来培养儿童的上课兴趣与积极性。比如，教师在了解儿童足球基础和身体情况的基础上根据实际情况进行分组教学和分层教学，也可以安排能力较好的学生带动能力较差的学生，使同学之间互帮互助。以快乐有趣的组织形式安排儿童学习足球，能够使儿童更好地接受教师的组织，提高他们学习的积极性。

二、儿童足球课程游戏教学模式

（一）足球游戏教学模式的含义与作用

1. 足球游戏教学模式的含义

足球游戏教学模式是为提高足球教学效益，在游戏理论和素质教育思想的指导下，通过一系列游戏情境的改造、创新以及融合而建立起来的较为稳定的、多维指向的教学实践系统。

2. 足球游戏教学模式培养儿童足球兴趣的作用

足球游戏教学模式有助于培养学生的学习兴趣。足球游戏的内容非常丰富，对应不同的足球技术或者战术都有多种形式的游戏类型，这对儿童足球教学活动的开展起到了极大的促进作用。在儿童足球教学与训练中，在不同阶段可以选择不同的足球游戏，有助于儿童在正式学习足球技战术之前以生动活泼的方式进行热身和演练，既减轻了儿童的心理负担，又提高了儿童的学习兴趣。让学生在掌握足球基本技能的同时感受到游戏带来的愉悦感，从而在轻松愉快的氛围中达到学习目的。

在足球游戏实施的过程中，儿童以游戏的心态融入集体活动中，为了完成游戏任务，同学之间积极配合、团结合作，在潜移默化中培养他们的集体意识和协作能力。通过这种“寓教于乐”的足球教学，有助于提升儿童的学习热情，端正儿童的学习态度，培养儿童的积极性、主动性和创造性。

（二）儿童足球课程游戏教学模式的应用

在儿童足球课程教学中应用游戏教学模式，关键在于合理筛选游戏，有效阻止游戏教学过程，并做好游戏教学评价。下面从这三个方面出发探讨该模式的具体应用。

1. 筛选游戏

筛选游戏要遵循以下几条原则。

（1）适切性原则

适切性原则指的是要贴合儿童的年龄特征来选择恰当的足球游戏。不同成长阶段的儿童身心特点是有差异的，身体活动能力的差异决定了他们能够完成的动作是不同的，只有选择适合教学对象年龄特征的游戏内容，才能具备使儿童参与足球游戏的前提条件。因此，在选择足球游戏时，要思考儿童是否可以独立完成或者在同学、教师的帮助下顺利完成。首先要确保其可以完成，然后再设计游戏玩法和规则，否则再好的设计也没有实际意义。

一般来说，要根据某个年龄段儿童的普遍水平来选择游戏动作，同时也要考虑个别特殊情况，尽可能使所有儿童都能参与适合自己的游戏，培养他们的足球运动兴趣。

（2）主动性原则

主动性原则是指选择那些能够满足儿童兴趣爱好和发展需要的足球游戏，从而激发他们的参与动机，使其积极主动地参与游戏，从中获得良好的体验。内在动机是儿童参与足球游戏的根本动力和显性条件。如果儿童对所选游戏没有兴趣，参与动机很低，那么游戏的育人效果就会大打折扣。

为了提高儿童在游戏教学中的参与度，需要在游戏选择中注意以下几个要点。

第一，选择互动性强的足球游戏。

第二，选择与儿童既有经验关联度大的足球游戏。

第三，选择具有创新性的游戏。

第四，选择能够凸显儿童自身能力的足球游戏。

（3）经济性原则

经济性原则是指在游戏选择中要用最小的成本达到最高的效率，实现游戏教学目标。概括而言，就是要求游戏及游戏教学方法选用得当，既能使儿童巩固动作基础，又能使其省时省力地完成游戏任务，达到游戏目标。

（4）发展性原则

儿童处于生长发育阶段，很多素质都应该从儿童时期就开始培养，为促进儿童的健康成长和素质发展，有必要在足球教学中采用游戏的方式进行有目的性的教育。

儿童足球游戏属于教育性游戏，游戏活动目标应该具有教育的性质，而不是单纯追求娱乐。这就要求在儿童足球游戏的选择中贯彻发展性原则，从儿童的生长发育规律、动作能力出发选择能够引导其向前发展的游戏，促进其身体活动能力和身心素质的发展。

在儿童足球游戏教学中，要贯彻循序渐进原则，所选游戏的难度应慢慢增加，从而逐步引导儿童成长和培养儿童的足球技能水平，切忌拔苗助长、急功近利，否则会造成严重的后果。

2. 游戏教学的组织

在儿童足球教学中采用游戏教学模式，并非要将足球教学彻底游戏化，而是要合理完成游戏的组织，建立明确的游戏教学目标，利用游戏环节调节课堂教学氛围，并注意游戏教学的安全性。

3. 足球游戏教学的评价

（1）评价内容

①游戏的合理性

首先需要评价的是儿童足球游戏的合理性，包括这些游戏是否符合儿童的年龄特点、身体发展情况，是否符合儿童的兴趣，是否能满足儿童的生长发育需要，游戏的运动量是否科学，等等。

②游戏的丰富性

儿童注意力不容易集中，常常会忘记规则，又对新鲜事物充满好奇心，缺乏一定的自律能力。为了更好地提高足球游戏教学的效果，需要考核和评价游戏的丰富性。当游戏足够丰富、有趣，才更有利于吸引儿童的注意力，使其保持专注力。另外，具有丰富情节和内容的游戏，也适应儿童想象力丰富的特点，可以很好地激发他们的想象力，使游戏更有趣。

③教师的胜任度

教师是儿童足球教学的灵魂人物，教师的教学能力是决定足球游戏教学质量的关键因素。优秀的足球教师不仅具有扎实的专业基础，同时还具有丰富的经验，包括对儿童发展规律的掌握，熟悉儿童的普遍情感诉求，以及懂得如何更有效地传达知识和技能、如何跟认知能力和表达能力还比较欠缺的孩子们有效地进行沟通和交流等，这些都将作为教师胜任度的评价内容。

(2)评价方法

对足球游戏教学的评价主要采用观察评价法,它既可以全面评价一次游戏的质量和效果,也可以就某一游戏的某一方面进行评价,因此,观察评价法是一种实用性强的评价手段。

通过观察评价法可以评价儿童在游戏活动中的情绪、情感表现和积极参与程度,还可以评价儿童在游戏活动中与其他同学的互动情况,是积极社交、寻求伙伴的帮助,还是更喜欢独自完成任务,从而可以判断其是内向型性格,还是外向型性格;还可以观察儿童对游戏的负荷是否适应等。采用观察评价方式时,可以随机选择某一名儿童作为观察对象,随时记录该儿童在游戏中的表现,以便活动后进行分析。需要注意的是,在观察中不要妨碍儿童的正常游戏,也不要因为观察的需要而改变游戏的设定。总之,要确保观察的客观性、可靠性和真实性。

在足球游戏教学评价中运用观察法时,具体要考虑以下因素。

①目标实施情况

不同形式的足球游戏有不同的侧重目标,既有相互重叠的部分,但也不完全相同。因此,在分析评价每一次游戏活动时,首先要思考的是这次的活动目标是否全部实现,每一项目标的达成情况是否理想,并分析原因。

②儿童参与情况

在足球游戏的实施过程中,是否全体儿童都积极踊跃参加,并从中体会到乐趣,想要一直把游戏进行下去;还是有些儿童不愿意参加游戏,表现出退缩、抗拒的情况,如果有这些情况,教师需要特别留意观察,分析他们不愿意参与游戏的原因,如果解除了障碍,他们是否也能够尽情投入游戏。教师还要观察儿童在进行该游戏时是否能够轻松胜任并精神振奋,还是感觉略有难度、略感担心,这些是评价游戏内容是否恰当的重要依据。

③能力发展情况

观察儿童通过参与一系列的游戏,是否掌握了足球技术,是否能够更有胜任力,更有自信心,观察儿童的身体素质是否得到提升,动作质量是否得到改进,动作姿势是否更加正确,应变能力和自我保护能力是否也得到提高,等等。儿童的能力发展情况直接反映了儿童足球游戏教学模式的实施效果,根据评价结果可以为改进该模式提供参考。

第四节　儿童足球课程游戏教学的组织与管理

一、儿童足球课程游戏教学的组织

儿童足球课程游戏教学的组织主要分四个部分进行，分别是准备部分、开始部分、基本部分以及结束部分。

（一）准备部分

1. 场地准备

足球游戏场地的安全性应当放在第一重要的位置，避免儿童在游戏过程中因为摔倒而有划伤、骨折等情况发生。场地要选择那些地面平整且没有砂石等尖锐物的宽阔地面。

足球课上做足球游戏与其他体育课程不同，由于在做游戏的过程中儿童更加放松，难免会喧闹。因此，尽量选择距离教室稍远的场地进行，以免影响其他课堂教学的正常进行。

2. 选择游戏

钻研足球教材，并根据儿童的年龄特点和学校的教学条件、足球教学需要选择恰当的游戏。

3. 物质准备

布置游戏场地，做好游戏器材、用具等基本物品与器具的准备，提出对儿童的着装要求，充分满足游戏实施的基础条件，为游戏的顺利开展提供物质保障。

4. 其他准备

对于角色较多、情节比较复杂的游戏，需要在游戏开始前对儿童进行事前说明和培训，以节约游戏时间。同时还要组织学生做好热身准备。

（二）基本部分

基本部分的教学主要以儿童的身体训练、技能训练和思想品德培养为主。在基本部分的游戏教学组织中要注意以下几点。

（1）在足球教学中游戏的运用只是一种手段，不能用游戏替代基础的教学，要将游戏教学和足球训练结合起来。

（2）在基本部分运用的游戏要有针对性，突出教学重点，保证高质量完成教学任务。

（3）要合理调节运动负荷，避免儿童产生厌倦和抵触情绪，保证儿童不会因为负荷过大而出现运动损伤。

（4）充分利用游戏使足球教学变得有趣，营造良好的教学氛围，使儿童爱上足球。

（三）结束部分

1. 放松活动

结束部分主要是使儿童从生理和心理上恢复到相对安静的状态，因此需要安排一些放松活动。放松活动有丰富的形式和多样化的内容，在安排活动内容时要考虑儿童的疲劳程度，以相对轻松的活动为主，以消除疲劳和促进恢复为主要目的，围绕这一目的而设计活动内容更有效果。下面简单介绍几种适宜的放松活动。

（1）慢跑

慢跑具有促进血液循环，对呼吸机能进行调节以及提高氧的利用率的效果。

（2）缓慢牵拉

缓慢牵拉练习有助于缓解肌肉疲劳，重点要牵拉大小腿屈伸肌、腹肌、腰背肌等。在游戏中一直担任守门员角色的儿童在课堂的最后要牵拉全身肌肉和关节。

(3)按摩

按摩是一种非常和缓的、放松的且行之有效的恢复措施,课后以按摩作为恢复手段,有助于促进肌肉疲劳的恢复和肌肉工作能力的提升。在运动中承载负荷最大的肌肉部位是主要按摩部位。

2. 游戏小结

游戏小结,即对本次游戏课的总结与体会,主要是为了加强儿童对游戏的认识,而不是仅仅玩得开心就好了,要让儿童对游戏的目的有清晰的认识,对游戏的效果做必要的评价。一个准确的小结可以帮助儿童在游戏后及时进行反思和整理,对自己的表现有更为客观的认识,对今后的教学重点和教学方向具有很好的梳理作用。

3. 场地整理

场地整理能够培养儿童的责任感,使其形成规范的意识。在足球游戏课堂教学结束后,要求学生将器材送还或者归位,对场地进行必要的清理,以备后面的班级正常使用。

二、儿童足球课程游戏教学的管理

(一)严格遵守游戏规则

在进行足球游戏教学的时候,要强调培养儿童的规则意识。通常最有效的做法就是认真、严格地对待犯规情况。犯规其实是很普遍且正常的现象,如果每个儿童都能尊重游戏规则,即使犯规了也不气馁,仍然认真努力地完成游戏,那么对培养儿童的规则意识非常有意义。

(二)优先处理安全问题

在足球教学中安全最大,而儿童在进行足球游戏时难免因为贪玩而放松了警惕,安全意识不强,容易出现损伤。足球教师应该特别留意游戏的安全性，不断强调安全，强化儿童的安全意识，一旦出现安全隐患，教师要果断中止游戏，直到问题解决之后再重新开始。

（三）适时地结束游戏

适时结束游戏是保证游戏效果的重要因素。为了保证游戏的教学效果，教师应该把握好游戏的负荷和时间，并非游戏时间越长越好。同时，组织游戏教学的重要价值是使儿童保持新鲜感，如果无节制进行长时间的游戏，或者每次都进行同样的游戏，那么必然会令大家兴趣索然，失去热情。因此，适时地结束游戏才能更好地维持儿童的游戏兴趣，保证游戏效果。

第五节　儿童足球游戏创编指导

一、儿童足球游戏的创编原则

（一）趣味性原则

足球游戏以游戏为基本定位，因此趣味性是游戏编排的出发点，也是核心诉求。因为只有有趣才能吸引更多的儿童主动参与，只有有趣才能使参与的儿童在精神上得到欢愉、充分放松，只有有趣才能让游戏的成功与否不再重要，让儿童没有心理压力。因为趣味性，足球游戏真正做到了让儿童更加重视游戏过程，而非游戏结果，这是游戏的价值体现。因此，在儿童足球游戏的编排过程中，要突出游戏的趣味性，比如加入多种辅助器械，或者设置一些有趣的环节，尽量让游戏更加生动活泼，从而调动儿童的参与热情和提高他们的投入程度。同时注意规则要明确且简单，如果规则过于复杂会降低游戏体验感。

(二)目的性原则

儿童足球游戏除了趣味性以外,还要有明确的目的性。主要目的就是培养儿童对足球运动的兴趣,学习一些基本的足球技术,从情感上拉近与足球运动的关系。因此,在创编足球游戏时,主要将足球的技术动作为游戏的主体,鼓励儿童通过熟练使用足球技巧而在游戏中取胜。因此,对技术动作要有明确的要求,使儿童在做游戏的同时达到提高足球技术技能的目的。

在足球游戏编排中要对技术动作的负荷、难度和表现方式等进行合理的调整,避免游戏难度太大或者太复杂,否则会事与愿违。另外,在游戏编排中还要体现一定的灵活性,比如参加人数、场地、器材等条件发生改变时,游戏也要有相应的调整。例如,人数较多时,可增加游戏次数,而不是降低每个人的练习密度。

(三)教育性原则

足球游戏是辅助教师进行足球教学的一种手段,它能够以比较简单和轻松的方式加强对儿童的足球兴趣、协作意识、竞争意识进行培养,同时也能促进儿童足球技能的提高。足球游戏属于足球教学的一个组成部分,因此具有教育属性,在编排足球游戏时要秉持教育性原则。让游戏具有一定的教育功能,而非只是一种放松娱乐的方式。

(四)锻炼性原则

足球游戏编排的锻炼性原则是指在游戏难度和动作负荷方面,应该具有适当的难度,并且有意识地针对儿童不同身体素质和不同足球技术动作进行编排。比如,以快跑、急停、跳起、追逐、躲闪等人体基本活动能力为素材进行游戏创编,锻炼儿童的身体素质和基本运动技能。或者,针对传球、过人等技术来编排专项游戏,提高儿童的足球技能水平。

(五)科学性原则

足球游戏编排的科学性是指在编排中要考虑儿童的年龄、体质、心理接受能力等因素，要充分尊重儿童身心发展规律，从实际出发，难易程度、练习密度和运动负荷都要恰当。创编每一个游戏，都要以运动生理学、运动力学、运动心理学、运动生物学等人体运动学科为基本依据，坚持科学游戏、科学训练。只有科学合理的足球游戏才能长期被接受和喜爱，才能使足球游戏在足球教学中的作用得到充分发挥。

（六）安全性原则

足球游戏不可避免地具有一定的争夺性和对抗性，因此在创编游戏时应注意安全性原则，根本目的是保证儿童尽量不发生运动损伤或意外伤害。在游戏中，允许合理的身体接触或冲撞，但是应该加强安全意识，做好安全防护。在设计游戏规则时，应考虑可能发生的危险，并做好必要的保护措施。例如，在守门员游戏中，应对守门员做好保护措施，并要求射门者踢地滚球或低位球。或者在多名儿童同时进行游戏时，要明确游戏路线，避免相互发生碰撞。

二、儿童足球游戏的创编方法

（一）程序法

程序法是指足球游戏的编排要按照一定的逻辑和程序进行，只有这样才能保证游戏的系统性、整体性，才能让足球游戏持续发挥作用。例如，针对守门员技术编排“你攻我守”游戏，设计该游戏时以守门员的基本技术为逻辑，尝试让儿童采用简单的守门员技术动作完成游戏，并且在游戏中锻炼儿童的专注力、判断力和抗压能力，体验守门员的角色职责，体验守门成功或失败的兴奋感或挫败感。

（二）移植法

移植法是指在创编足球游戏时首先对游戏素材按照内容、形式、规则等几个重要方面进行分类，然后对其中的某一个方面进行移植和改变，从而创造新的游戏形式。运用移植法时，往往要用发散思维对原有游戏形式进行大胆改变。例如，设计传球技术游戏时，将传球技术与打保龄球的方式相结合，设计“足式保龄球”游戏。按保龄球的规则练习足球传球技术。经过简单的移植，让儿童产生强烈的参与兴趣，积极参与游戏，并逐渐提高儿童传球的准确性。

（三）组合法

组合法，顾名思义就是将两种或两种以上的游戏组合为一个新游戏。例如，“运球射门”游戏就是由运球游戏和射门游戏组成的，可以同时训练两项足球技术，增加了游戏的难度和趣味性。除了可以选择同种类型的技术动作游戏进行组合，还可以将不同类型的技术游戏加以结合，比如“绳梯跑射门”游戏就是将体能游戏和射门游戏相结合，可以同时锻炼儿童的射门技术、快速移动能力和反应能力。因此，采用组合法创编较为复杂的游戏，将不同的技术游戏组合在一起，或将身体素质游戏与技术游戏组合起来，可以同时培养儿童的身体素质和足球技术。

三、儿童足球游戏的创编步骤

（一）明确游戏目标和游戏对象

创编儿童足球游戏首先要明确以下两个核心要素。

1. 游戏目标

明确需要练习哪些技术或者哪些素质，以及明确要达到什么样的效果，这是游戏创编的前提与基础。

2. 游戏对象

要明确游戏是针对哪些对象，包括儿童的年龄、技能水平及身体条件等，只有了解了游戏对象，才能有针对性地决定游戏的难度和规则。比如，同样是传球游戏，针对小学生的游戏在难度和规则上都要简单一些，中学生则难一些。

不同类型的游戏可能有不同的作用，有的游戏重在培养兴趣，有的游戏具有训练技能的作用，因此，针对不同目的和不同对象会有非常不同的创编方案。不同年龄阶段的儿童的认知能力、兴趣点也不同，所以创编足球游戏也要注意这点。比如，针对小学生可以多采用模仿法设计模仿动物动作的足球游戏，针对中学生则可以多采用组合法设计难度略高、形式略为复杂的足球游戏。总之，只有明确了游戏目的和对象，创编的游戏才具有针对性、实效性。

（二）选择素材

明确了游戏目标和游戏对象后，下一步就是收集和选择游戏素材。在这一环节要遵循游戏创编原则，尽量选择质量高、易于接受和理解的素材，具体应该注意以下几点。

1. 选择科学性素材

科学性是足球游戏创编的基本原则之一，也是判断事物是否符合客观事实的基本准则。在选择足球游戏素材时，首先要认真研究儿童的身体、心理和社会适应等特点，根据这些特点来确定素材的适用性，以及它们是否能够起到培养儿童身体素质和足球技能的作用。选择科学的游戏素材是创编足球游戏的基础，也是决定足球游戏质量的根本。

2. 选择趣味性素材

趣味性是游戏的本质特性，也是游戏的生命所在。如果素材本身枯燥乏味，那么很难创编出有趣的足球游戏，也很难让儿童对足球运动产生兴趣。因此，在选择游戏素材时，趣味性不可缺少，并要能在游戏中充分体现出来，使儿童的注意力放在趣味游戏本身上，弱化对动作难度的关注，以一种轻松的心态参与其中。

3. 选择针对性素材

只要用心挖掘与探索，那么足球素材便取之不尽，但是为了保证工作效率，在选择素材的时候应该考虑针对性，根据游戏目标和游戏对象有针对性地进行取舍，选择最符合实际要求的游戏素材。这样不仅可以提高素材的利用率，同时也提升了儿童对足球游戏的接受度。

4. 选择普适性素材

在有针对性地选择游戏素材时，还要考虑到素材的普适性。这是因为每个游戏面向的儿童可能来自不同地区、不同民族甚至是不同国家，而足球运动和足球游戏都是可以跨越空间和时间的体育形式。因此，创编游戏时要考虑这一因素，尽可能保证游戏被接受的范围和程度，忽略过于晦涩和难以被广泛接受的素材，多选择具有普适性的素材。

（三）确定结构

1. 游戏名称

命名是游戏创编的一个重要环节。游戏名称既要突出主题，又要简单明快、生动形象。如果游戏名称本身就非常有趣，让人充满好奇，就能吸引儿童的注意力和参与兴趣，比如星球大战、喜羊羊与灰太狼、蚂蚁搬家、小猴摘桃、鸭子捉螃蟹等都是非常有趣的游戏名称。命名时尽量采取模拟、比喻、夸张、诙谐的方式，这样才符合游戏本身的特质。同时也要注意，不要为了有趣而脱离游戏本身的内容和特点，要尽可能保证游戏名称、内容和形式的统一性。

2. 游戏方法

游戏方法要简单好记，不能让儿童花太多的时间与精力用于理解游戏方法，那样就失去了游戏的意义。创编游戏时适当简化规则，只保留最必要的约束条件，最重要的是游戏过程。

一般常见的游戏方法可分为以下几种类型。

游戏的形式：接力、攻防、比远、比快、比耐力、比数量等。

游戏的路线：直线式、曲线式、往返式、绕圈式、一动一静式等。

游戏的队形：纵队、横队、圆形、十字形、三角形、分散形等。

3. 游戏规则

游戏规则是足球游戏能够顺利进行的保障，在游戏创编中必须设置好通俗易懂、便于儿童理解的游戏规则。设置游戏规则一般要注意以下三点：

第一，侧重控制整个活动局面，维持纪律和秩序，比如规定游戏的总时长、组数等。

第二，规定游戏中的动作，如有些游戏中禁止用某个身体部位碰球，如果是接力游戏，接力的同学之间必须完成某个动作等。

第三，明确游戏的边界，对犯规、无效动作有明确的规定。

第三章

儿童足球游戏课程教学设计的原理与实施

儿童足球游戏课程教学的组织与开展需要足球教师用心设计，依据科学的设计理论，结合校园足球的特点和儿童的实际情况进行针对性的设计与安排，从而促进足球游戏教学的顺利进行，提高课堂教学效率和效果。本章主要对儿童足球游戏课程教学设计的原理与实施展开研究，主要研究内容包括儿童体育游戏课程教学设计，足球游戏课程教学设计的理论基础、目标与原则、方法与步骤、教学要素设计以及足球游戏课程教学的科学实施与评价。通过这些研究，能够为足球教师设计足球游戏课程及组织实施教学工作提供科学指导。

第一节 儿童体育游戏课程教学设计

一、儿童体育游戏课程教学设计的理论支持

（一）建构主义学习理论

建构主义学习理论的基本观点是，作为主体的学生和作为客体的教师相互作用才能使学生获得知识，知识的建构是二者相互作用的结果。这一学习理论质疑知识的客观性和准确性，但对知识的动态性作了重点强调，认为知识会随着特定环境或条件的变化而或多或少发生改变。

建构主义学习理论主张学生积极主动地建构知识、获取知识，而且为了获取更多的知识，要多与教师交流，多与同学合作，主动分享资源，共同营造良好的学习环境与氛围。该理论反对教师将知识作为符号系统灌输给学生，反对在不考虑学生个体差异性和经验多样性的情况下对学生进行“一刀切”式的教学，这不利于激发学生的潜能。

（二）人本主义学习理论

人本主义学习理论的提出者是美国心理学家罗杰斯，他倡导“有意义学习”的学习观，反对教师向学生灌输知识，将学生看作被动接受信息的客体，就像杯子容器被灌满水一样。人本主义学习理论主张在学习中多关注学生的认知水平和情绪情感变化，并指出学生的这些个人因素对其学习效果有很大的影响。

罗杰斯主张的教学观主要是“以学生为中心”，批判那些一味给学生灌输知识的教学行为，主张教师要认清自己的职责与任务，要为学生创建良好的学习环境，营造积极的学习氛围，提供丰富的学习资源，引导学生主动学习，主动获取知识。教师要转变自己的角色，完成从课堂

的“领导者”向推动学生学习的“助产士”的转变，让学生在课堂上发挥主体性，使学生释放个性，发挥能动性，实现主体价值。

二、儿童体育游戏课程教学的设计思路

儿童体育游戏课程教学的设计思路是，以儿童健康成长、全面发展和综合素质培养的需要为依据，与儿童的实际情况紧密结合，对必要的主观条件和客观条件予以创造，将多元化教学、情境教学引入体育游戏课程中，使学生的自主性、师生的互动性能够充分体现在体育游戏课程教学过程中。在这一思想下，可以将儿童体育游戏课程教学设计分为如下几个模块。

（一）模块一：理论学习模块

（1）对体育游戏的基本理论知识，如含义、特征、价值、发展历史等进行阐述，对体育游戏简单分类。

（2）对体育游戏的教学理论，如教学特点与原则、方法与形式、评价与管理等进行简要介绍，并提出不同年龄阶段儿童体育游戏教学的主要特点和需要注意的事项，为儿童体育游戏教学的组织打好基础。

（3）对体育游戏的创编理论进行介绍，包括创编的原则、方法、程序及注意事项，为体育教师创编儿童体育游戏提供理论和实践指导。

（二）模块二：教学示范模块

1. 教师教学示范

教师认真备课，精心组织体育游戏课堂教学，正确指导学生参与体育游戏，对各个游戏的讲解要做到语言简练、逻辑清晰，采用直观方法与手段进行示范，动作准确、娴熟且具有趣味性，从而吸引学生的注意力，激发学生参与体育游戏的积极性。在课堂的最后进行课堂小结与教学评价，公正合理地评价学生的学习情况，肯定学生的长处，指出他们还需要改进的地方，使学生真正掌握课堂教学内容。

2. 影像资料教学示范

从游戏内容和学生实际情况出发，将现代化媒体，如电脑、录像等引进游戏课中，将学生的学习积极性充分调动起来。例如，在课堂上播放“小网捕鱼”的体育游戏教学视频，对学生进行分组，组织小组讨论，使学生真正参与进来，踊跃发言，养成课堂互动的好习惯。影像资料教学示范能够使学生更加深入地理解体育游戏理论和动作，也能培养学生的观察能力和思考能力，促进课堂教学效益的提升。

（三）模块三：展示反馈模块

在儿童体育游戏课程教学中，教师可安排学生自主组织一次体育游戏，培养学生的组织能力，并使学生在组织与参与中掌握知识与技能。游戏结束后教师给予点评，使学生发现自己的闪光点，并认识到自己的不足，这也能够启发与警示其他学生在接下来的课堂活动中要注意哪些问题，发挥哪些优势，这样能够拉近体育游戏课堂与学生的距离，使学生真正喜欢上体育游戏和体育课。

第二节　儿童足球游戏课程教学设计的理论基础

一、系统论

系统论是儿童足球游戏课程教学设计的重要理论基础之一，该理论指出系统具有整体性、目的性、开放性和层次性等特征，每个特征都对应着一个系统原理，如整体性原理、目的性原理、开放性原理以及层次性原理等。这些是系统的主要特征与原理，但不是全部特征，除这些特征外，系统还具有突变性、自组织性、稳定性以及相似性，同样，它们也各自代表一个系统原理，所有的这些系统原理总称为系统的八大基本原理。

构建儿童足球游戏课程教学体系，同样可以看作是一个微型系统的构建，因而系统论能够为儿童足球游戏课程教学设计提供理论依据，具有基础指导意义。下面具体分析系统的整体性原理、目的性原理、开放性原理和层次性原理这四个原理对儿童足球游戏课程教学设计的指导作用。

（一）整体性原理

系统是由若干要素组成的有机整体，该整体的功能既包含各组成要素的功能，同时也具有自己的新功能，而且系统的性质也不同于各要素的性质，所以不能说各要素的简单相加就能构成一个系统。

整体性原理的指导意义在于，根据这一原理，在儿童足球游戏课程教学设计中，要将影响课程教学效果的各要素有机整合起来，既包括课程教学体系内部要素，也包括教学体系的外部要素，前者如师生、教学要素等，后者如教学政策与环境等，只有将内外因素有机整合、不断协调，教学系统的整体功能才能更加强大并得到充分发挥。

（二）目的性原理

系统的目的性原理是指，组织系统在与外界环境的相互作用中，其发展变化在一定范围内完全不受或基本不受外界变化或途径经历的影响，坚持表现出某种趋向预先确定的状态特性。①

目的性原理的指导意义在于，根据这一原理，在儿童足球游戏课程教学设计中要将课程体系的发展目标、功能目标及结构目标明确下来，使之与传统足球课程教学区别开来，以足球游戏为载体实现全面育人目标，使学生在知识获取、技能提升、兴趣培养、习惯养成等方面都有所收获。此外，不同学段足球游戏课程教学目标要有机衔接，使儿童随着不断的成长，获得系统性的教育和取得持续的进步。此外，所涉及的儿童足球游戏要贴近儿童生活，将生活与足球教育充分融合起来。

（三）开放性原理

系统与外界环境不断进行着各种各样的交换，包括物质交换、信息

① 段炼.我国6～7岁儿童适宜性足球游戏课程体系构建研究[D].长春：东北师范大学，2020.

交换、能量交换等，这是系统的本质。系统能够不断向前发展，前提就在于其对外界环境是开放的。

开放性原理的指导意义在于，根据这一原理构建儿童足球游戏课程教学系统，不仅要完成理论构建，还要在此基础上融入外在环境要素，构建一个开放的系统，从而为游戏课程教学的理论指导、实践应用提供便利，同时还能从环境要素中获得反馈，进而不断完善教学系统，使足球游戏课程教学系统在动态的、开放的实践过程中升级优化、持续发展。

（四）层次性原理

系统的组成要素存在各种各样的差异，因此系统组织的地位与结构、作用与功能也表现出一定的差异，而且这个差异是具有等级性的，具有差异性的系统等级便由此形成，这就是系统的层次性原理。

层次性原理的指导意义在于，根据这一原理构建儿童足球游戏课程教学体系，要抓住系统的主要因素和主要矛盾，优先优化足球游戏课程理念、教学内容与方法等主要因素，优先解决主要矛盾，然后再考虑从属要素，解决次要矛盾。

二、课程论

（一）课程开发模式理论

关于课程模式开发的程序，不同学者提出了不同的见解，具有代表性的两种观点见表 3-1。

表 3-1　课程开发模式理论的研究成果 [①]

学者	课程开发程序
美国课程学者塔巴	（1）预测社会的需要和学生的需要 （2）提出教育目标

① 彭颖超．体育游戏在河北省中考体育项目教学中的设计与应用研究[D]．天津：天津体育学院，2022．

续表

学者	课程开发程序
美国课程学者塔巴	（3）选择教育内容 （4）实施教育内容 （5）选择学习经验 （6）确定评价方法 （7）确定评价步骤
美国学者泰勒	（1）确定课程目标 （2）选择教育经验 （3）组织教育内容 （4）评价教育效果

一般来说，塔巴对课程开发程序的研究成果更适合运用于指导教师设计儿童足球游戏课程教学，在这一理论的指导下逐步开发足球游戏课程，操作性更强，效果更好。

（二）体育课程体系构成要素理论

王淑英在《学校体育课程体系研究》一文中指出，体育课程目标、体育课程内容、体育课程实施与体育课程评价是构成学校体育课程体系的几个主要因素。她通过梳理这些因素，对它们各自包含的具体内容及相互之间的关系作了详细说明。儿童足球游戏课程属于学校体育课程的一部分，要构建足球游戏课程教学体系，需要在体育课程体系构成要素理论的指导下明确足球游戏课程目标、选择足球游戏课程内容、构建足球游戏课程实施程序以及建立足球游戏课程评价体系，从这 4 个子系统出发去不断健全和完善足球游戏课程教学系统，从而使儿童足球游戏课程教学体系的功能不断健全并得到充分发挥。

教学理论中有诸多关于教学构成要素的学说，如传统教学有三要素、四要素、五要素、六要素及七要素等几种不同的学说，见表 3-2。

表 3-2 教学要素的相关学说[①]

教学要素的学说	具体要素
三要素	(1)教师 (2)学生 (3)教材
四要素	(1)教师 (2)学生 (3)教学内容 (4)教学手段
五要素	(1)教师 (2)学生 (3)教材 (4)教学方法 (5)教学工具
六要素	(1)教师 (2)学生 (3)教学内容 (4)教学工具 (5)教学时间 (6)教学空间
七要素	(1)教师 (2)学生 (3)教学目的 (4)教学内容 (5)教学方法 (6)教学环境 (7)教学反馈

上述教学要素的几个学说都是在各自逻辑起点的基础上形成的,都具有合理性、逻辑性,但在实践中教学七要素学说对体育游戏课程教学体系的建设更具指导价值,足球游戏课程属于体育游戏课程的一种,因而也应将教学七要素学说作为构建课程体系的理论基础,在构建课程体系的具体过程中,要对不同要素之间的逻辑关系进行分析,理顺相互之间的关系,从而有效控制各要素,提高课程教学设计效果。

① 于天博,纪磊,周勇.校园足球教学方法与必要性的研究[M].北京:中国纺织出版社,2019.

三、发展适宜性实践理论

(一)认识发展适宜性实践理论

1. 理论基础

发展适宜性实践理论主要建立在一些经典的教育学和心理学理论的基础之上,包括皮亚杰的建构主义理论、杜威的进步主义理论、马斯洛的需求层次理论、维果斯基的社会建构主义理论等。发展适宜性实践理论的核心观点是教师在教学前需要掌握三点知识:年龄的适宜性、个体发展的适宜性和文化的适宜性。

2. 主要观点

在发展适宜性实践理论下,教师的作用在于支持、扩展与引导儿童学习,不主张过多的直接教学。教师的任务是创设适宜的学习环境,引导与促进儿童与环境的相互作用。发展适宜性实践理论指出,一名优秀的教师应该具备全面的素质,对教师的角色定位提出了如下五个要求:

(1)创设充满关爱的学习集体。

(2)为促进发展与学习而教学。

(3)设计适宜性课程。

(4)评估儿童学习与发展。

(5)与家庭建立互动关系。

发展适宜性理论在评价儿童学习与发展上提出如下主张:

(1)在真实的情境中实施评价。

(2)强调评价的动态性、形成性。

(3)强调及时评价儿童的进步和发展。

(4)评价内容要反映实现重要学习和发展目标过程中的进步。

(5)评价方法要与儿童的年龄和经验相适宜。

(6)强调采用家长评价、儿童自我评价的方法。

(7)评价时要注意学习者的个体差异,包括学习风格和学习方法的差异。

（二）适宜性游戏理论

适宜性游戏理论倡导儿童整体性发展目标，强调把情感、认知、行为、能力等结合起来予以综合考虑；尊重儿童在发展水平、能力、经验、学习方式等方面的个体差异，满足儿童多方面发展的需要。

在适宜性游戏理论下设计适宜性足球游戏课程，要遵循适宜性游戏的基本特征，即遵循儿童年龄差异的适宜性、个体差异的适宜性以及社会心理的适宜性。

适宜性足球游戏课程的设计应以"创编并引导高水平游戏"为核心任务，表现为新创编游戏可引起儿童强烈兴趣、儿童在游戏中能充分发挥主动性和自我调控能力、将学习标准和课程目标整合到游戏中。

四、"运动技能发展高峰"理论

"运动技能发展高峰"理论的基本观点是，个体经验是对个体动作技能发展水平具有决定性影响的因素，年龄是非决定性因素，儿童获得动作技能，是在感觉、观察和亲身参与的过程中实现的。

个体、环境及任务三者的相互作用影响着儿童基本运动技能的发展，为培养儿童的基本运动技能，教师可以对环境与任务进行控制或加以改变，使其与儿童的年龄特点相符。在儿童基本动作技能形成与发展的过程中，环境支持作为主要外因起着重要作用，儿童拥有充足的身体活动空间、合适的器材才能更好地发展自身的基本动作技能，可见这些环境因素是必不可少的。有学者指出，儿童运动技能形成的关键期在七岁之前，在这个关键期儿童能够以更快的速度学习与掌握技能，学习相对容易，即使动作表现不完美，儿童也暂时没有形成羞愧的意识。所以，儿童在七岁之前积累的基本动作技能要尽可能多一些，从而为下一阶段运动技能的发展奠定基础，并积极影响儿童终身运动能力的发展。如果儿童在培养基本运动技能的黄金期没有抓住机会，错过了这个阶段，就可能会影响儿童在基础教育阶段上体育课或参加体育运动的积极性和态度，而且在运动中容易出现动作笨拙、缺乏自信、经常受伤等问题。加强儿童尤其是幼儿体育教育研究、幼儿体育游戏研究，促进幼儿运动技能学习效率的提升，才能帮助幼儿积累更多、更扎实的动作技能，为将来运动技能的进一步发展打好坚实的基础。

五、儿童学习行为自我调节理论

儿童参与游戏活动，了解游戏规则，在规则允许的范围内活动，知道自己需要做什么，哪些不能做，快速执行正确的、恰当的动作，这个过程中会涉及儿童的三个认知要素，分别是注意力、工作记忆和控制抑制。这三个认知要素在具体学习活动中缺一不可。

首先，注意力集中和灵活分配可以使儿童迅速从众多信息中将重要信息分辨出来。

其次，工作记忆能够使儿童将单步指令和多步指令记住，从而更好地完成学习任务。

最后，控制抑制能够使儿童有意识地对具有支配性和优势的事物做出正确反应。

儿童的学习行为调节能力是以认知能力为基础的，自我调节能力较差的学生在课堂上容易分散注意力。儿童的体育学习行为自我调节能力在运动认知能力的基础上，随着动作技能水平的提高而不断提升。

六、情意教育理论

情意教育是一种比较特殊的教育，它发生在情感领域，主要培养学生的学习态度、学习兴趣、学习情感以及正确的价值观，从而强化学生的自我概念认知，增强自尊心，减少异化现象。情意学习是情感领域的学习，这一领域的特征主要反映在学习者的价值观、兴趣以及行为等方面。情意教育理论主张重视学生能力的全面发展，要求课程内容要与学生的需求、兴趣相适应。

（一）重视学生能力的全面发展

对个体而言，思维的存在和情意的存在必须是同时的，如果只有思维，没有情意，学习的时候就会缺少热情，不悲不喜，只是被动接收语言信息，学习效果不尽如人意。

从儿童足球游戏课程来看，足球游戏活动是身体活动与情意活动的统一，情意活动丰富而深刻，其融于身体活动中，并对身体活动起到积极的促进作用，也就是说儿童在足球游戏活动中是身心统一的。在足球游戏教学中，既要培养学生的动作技能，又要注意其态度、情绪和价值观的培养，既要实现动作技能领域的教学目标，也要实现情感价值观领域的教学目标，也就是情意教学目标。

（二）课程内容适应学生的需求

情意教育理论指出，组织教学内容时要考虑学生的兴趣爱好和实际需求，要与学生的心理特征相符，还要考虑学生在学习该内容时的心理感受以及学习后的内心收获。教材知识必须是根据学生的真实需求建构而成的，而不是按照系统性与逻辑性去机械式建构的。

课程内容适应学生的需求，这一观点的启示作用在于，组织与安排儿童足球游戏课程内容，不能按成人化的要求去进行，否则教学效果不会令人满意。儿童足球游戏课程内容应该建立在儿童认知特点、身心特点、运动基础以及兴趣爱好的基础上去构建和选择，课程内容与课程教学环境要有利于激发学生的学习兴趣和积极主动性。

第三节　儿童足球游戏课程教学设计的目标与原则

一、儿童足球游戏课程教学设计的目标

（一）促进儿童全面发展

进行儿童足球游戏课程教学设计，构建适应儿童个性特征和需求的足球游戏课程教学体系，目标主要在于促进儿童全面发展，包括身体发展、培养健康的心理素质、培养足球兴趣、培养良好的运动习惯、塑造健康的性格以及提高社会适应能力等，将这些全面发展目标融入课程教学设计中，重新定位教学目标，不断优化课程教学内容，引导课程实施过程，丰富与完善课程教学评价体系，从而更好地实现促进儿童全面发展的目标。

(二)促进足球教学不断优化

在儿童足球游戏课程教学设计中,要不断在教学理论与教学实践中寻找平衡。一方面,通过构建足球游戏课程目标体系、课程内容体系,对足球教师的教学实践进行有效指导;另一方面,在基本课程理念的指导下为课程实施留足空间,实施过程应能够灵活调整,从而使课程系统更加开放、灵活。这样一来,教师虽然也接受相关方针与大纲的规定,但在此基础上也会有所变通,机动灵活,而不是一味机械性地进行足球游戏教学。为教师教学留下一定的自由空间,能够将教师进行足球游戏课程教学设计的积极性调动起来,促进课程教学实施方案的不断优化,并能激发教师进行理论创新的积极性,从而以科学的、创新的理论指导教学实践,并在实践中获得反馈,又进一步优化课程教学设计方案,形成良性循环。

二、儿童足球游戏课程教学设计的原则

(一)系统性原则

以往我国对学校足球"课程体系"的研究主要集中在微观"课程体系"上,但这种课程体系往往注重教材内容的逻辑性,忽略了课程实施的可操作性及反馈需求,因而不利于足球课程教学。基于学校体育课程体系"理论与实践"相结合的发展需要,有学者建议学校足球"课程体系"研究集中在中观"课程体系"上,具体包括课程的目标体系、内容体系、实施体系以及评价体系 4 个子系统。既然是"体系",就应当按照系统论的基本观点与功能原则开发建构儿童足球游戏课程教学体系,突出该"体系"的整体性、适用性、实效性和全面发展性。

(二)特异性原则

儿童足球游戏课程的特异性主要表现在下列两个方面,对这两方面差异性的深入理解与准确把握,有助于突出儿童足球游戏课程的本质特征,从而更好地完成儿童足球游戏课程教学设计。

1. 与传统足球课程的差异性

(1)内容以"游戏"为主

传统足球课程以足球技术为主要内容,足球游戏课程以各种各样的足球游戏为主要内容。

(2)更新课程理念

足球游戏课程更加注重足球的全面教育功能,更能使人深刻理解并遵循足球的本质规律,从而科学建立儿童足球长期发展模型,安排足球游戏课程结构,突出游戏课程与儿童日常生活的融合。

(3)重新定义了足球运动的内涵

儿童足球游戏课程重新定义了足球运动的内涵,如游戏是它的本质,竞赛是它的核心,技术是它的结构,素质是它的支撑等。

2. 与国外适宜性体育课程的差异性

适宜性体育课程理论主张在遵循社会文化差异性的前提下安排儿童体育课程。不同国家或地区的社会结构、制度模式、文化背景有一定的差异,这就决定了课程资源选择利用和课程内容构建模式的不同。我国进行儿童足球游戏课程教学设计,要考虑基于本土文化而不断拓展和延伸,从本土文化入手逐渐向地域文化、多元文化过渡与融合,因而要突出儿童足球游戏课程的本土化,避免课程模式与国外雷同,否则会影响儿童的足球游戏学习效果,甚至会影响儿童的性格取向。无论是足球教学模式,还是儿童性格培养,都要体现文化差异性。

第四节 儿童足球游戏课程教学设计的方法与步骤

一、收集游戏素材

在儿童足球游戏课程教学设计中,首先要对游戏素材进行广泛的收集与积累,通过广泛的渠道认真查阅与足球游戏有关的资料,以收集各种类型的足球游戏,从中筛选适合儿童参与的足球游戏,从而为足球游戏教学积累素材,选编教学内容,奠定教学基础。

二、构思游戏形式

从儿童足球教学目标、教学任务出发对与之相适应的游戏形式加以构思，具体要求如下。

（一）目的明确

明确每个足球游戏的目的，如培养儿童的健康体质，促进力量、速度、协调性等身体素质的改善，提高儿童的足球技术水平（传接球能力、运球能力、射门能力等），增强儿童的战术意识，培养儿童的团结精神、竞争意识及合作能力，等等。

（二）趣味浓厚

选择趣味浓厚，能够激发儿童兴趣、调动儿童参与积极性以及能够使儿童从中感受到足球乐趣的游戏。

（三）针对性强

根据儿童的年龄特点、运动基础和学校的足球教学条件设计针对性较强的足球游戏，使足球游戏课程教学在现有条件下能够顺利开展。

（四）教育全面

对有利于培养儿童集体主义精神、顽强拼搏精神、竞争与合作精神的足球游戏进行设计与筛选。

三、设计游戏方法

在广泛收集游戏素材和全面构思游戏形式的基础上，对具体的足球游戏教学方法进行设计，确定足球游戏的名称，做好场地器材的物质准备，明确游戏规则，提示注意事项。在具体游戏教学中还要合理分组，善于从儿童的生活中借用灵活小巧的工具作为教学器材，合理设计练习形式,使儿童得到全面锻炼。此外,还要考虑游戏方法的可操作性、游戏规则的简化性以及游戏过程的安全性等因素。

四、检验并完善

在足球游戏教学实践中验证所设计和筛选的足球游戏是否合理、可操作以及有教育意义,通过实践验证及时发现问题,总结每个游戏的优势和不足,扬长避短,改进不足,以不断完善足球游戏。

为了使儿童能够将足球游戏的方法与规则快速掌握,可针对一些具有代表性的游戏来拍摄游戏过程,由真人参与,或对演示动画进行制作,将整个游戏过程从头到尾以生动形象的方式完整呈现出来,为儿童提供丰富的学习资源。

儿童足球游戏课程教学设计一般要采用以上方法,经历以上几个环节,通过科学缜密的教学设计,使足球游戏的教育价值充分发挥出来,促进儿童体质的增强、心理素质的提升、智力的发展以及足球运动水平的提高,进而实现全面育人目标。

第五节 儿童足球游戏课程教学体系的系统设计

一、儿童足球游戏课程教学指导思想的确立

(一)“健康第一”

儿童足球游戏课程教学遵循新时期《体育与健康课程标准(2017)》所规定的“健康第一”的指导思想,促进学生健康成长,激发学生运动兴趣,培养学生体育锻炼的习惯,并以学生发展为中心,遵循学生个体差异,保证每个学生受益。

（二）发展适宜性课程理念

在发展适宜性实践理论下确立的发展适宜性课程理念是儿童足球游戏课程教学的重要指导思想之一，它要求足球游戏课程教学设计要遵循儿童年龄的适宜性、个体差异的适宜性、社会文化差异的适宜性。在课程结构方面，要与传统足球课程相区别，具体要从以下几方面来体现它的独特性和“适宜性”。

（1）课程目标的全面性。

（2）课程结构的可调试性。

（3）课程组织形式应用的多元性。

（4）课程编排的兴趣导向性。

（5）课程内容的创新性与游戏化。

（6）教学方式的启发性。

（三）融入生活

当前儿童教育改革的一个切入点是用游戏化替代“训练化”的枯燥模式，这也是儿童教育改革的一个重要突破口和方向。足球游戏课程游戏化最“核心”的是让课程更贴切儿童的实际需求、学习特点、日常生活及其兴趣爱好，使足球扎根校园、融入儿童生活。

（四）全面教育发展

校园足球具有全面育人价值，在培养健康身心、塑造人格、培养习惯、发展运动能力以及促进社会交往等方面都具有重要意义。为此，我国儿童足球游戏课程教学应以校园足球为依托，建立全面教育发展理念，通过教学模式的创新，形式的改善，内容的融合，从课程组织到游戏比赛，形成一个“连锁”体系，在这个体系下将足球教育、身心健康、人格塑造等多方面的目标协调与融合起来，培养全面发展的足球后备人才。

二、儿童足球游戏课程教学目标的制定

（一）培养兴趣

儿童对足球运动的第一印象直接影响他们对足球课程的参与度。兴趣是最好的老师。足球游戏课程与传统足球课程相比，最大的特征就是通过丰富有趣的游戏激发儿童的兴趣，进而达成全面发展目标，如增强体质、提升技能、塑造性格等。

（二）打好技术基础

儿童早期接受非专项化的一般运动训练刺激，进行多样化动作技能练习，增加运动技能储备，能加快之后学习运动技能的步伐，为实现竞技能力的可持续发展奠定基础。因此，增加技能储备，打好技术基础是儿童足球游戏课程教学的主要目标之一。

（三）培养球感，积累运动经验

儿童积累运动经验，不仅要理解身体运动本身，还要理解身体与足球之间的结合关系。足球运动本身的特质，如速度、力度、运行轨迹以及与之相适应的身体反应、姿态、动作节奏等，是培养儿童球感的基础。在快乐足球理念下，要改变传统的足球训练模式，将游戏与足球教学有机结合，使儿童在游戏中学习、娱乐，培养良好球感，积累运动经验，为足球技能的长期发展打好基础。

（四）促进全面发展

传统足球课程的主要教学目标是学习与掌握足球技能，而足球游戏课程则不同，它以全面育人为指导思想，追求全面发展的育人目标。足球游戏课程教学以游戏为驱动，将儿童的运动技能发展与个人情感、态度、价值观等因素相融合，促进全面发展。

儿童足球游戏课程教学促进儿童全面发展的目标主要体现在以下

几个维度上。

（1）健康体适能维度的教学目标：指导儿童形成正确的身体动作模式，发展平衡性、稳定性，提高速度能力。

（2）性格塑造维度的教学目标：塑造果敢、坚忍、独立的性格品质。

（3）习惯养成维度的教学目标：培养儿童遵守游戏规则、课堂纪律的行为习惯和积极参与足球运动的习惯。

（4）社会适应维度的教学目标：提高儿童的合作意识、公平竞争意识以及团结协作能力。

上述教学目标在儿童成长的不同阶段各有侧重，但低龄儿童阶段的教学目标是大龄儿童阶段教学目标的基础，大龄儿童阶段的教学目标是低龄儿童阶段教学目标的延伸与拓展。

三、儿童足球游戏课程教学过程的安排

儿童足球游戏课程结构包括课前设计准备，课程实施以及课程调整三个阶段。

（一）课前设计

课前设计是儿童足球课程教学设计的基础，是前导与准备工作，对后续课程内容与实施的设计起到铺垫作用。课前设计环节主要包括以下准备工作。

1. 课程分析

课程分析主要是诊断与评判前一阶段的学习结果，进而将本次课程目标与课程任务确定下来。足球教师进行主观分析时，逻辑步骤可以简化为以下三步。

第一步是“为什么做”，也就是明确课程内容的编排依据，一般来说，评判与诊断上一阶段学生的学习状态和课程阶段目标是确定课程内容的主要依据。

第二步是“用什么做”，也就是明确课程组织与实施的形式和方法，这是落实课程内容的主要手段和途径。

第三步是“做到什么程度”，即通过本课程要完成什么任务，达到什

么目标，需要提出规定性要求，包括量的规定和强度的规定。

通过以上三个环节的分析，需将课程目标任务明确下来，并采取适宜的课程组织形式与方法，提出明确的要求。

2. 选择与组合游戏

经过课程分析后，课程的目标任务、方式方法以及相关要求都已明确，这时就要筛选游戏内容来促进课程任务的完成和课程目标的实现。

在游戏的选择中，要对足球运动与游戏的关系有所明确，将游戏形式确定下来，游戏形式不同，产生的效果和起到的作用也是有差异的。足球游戏类型多样，内容丰富，因此要合理安排各类游戏的顺序，在具体的搭配中要考虑各个游戏的优劣势，要通过搭配起到功能互补的作用，这样能够优化游戏组合的实际效果。

比如，游戏课程以培养儿童的合作意识、灵活跑的能力以及传接球技术为主要目标，那么就要根据这个目标来选择数量适宜的、难度渐变的、形式富于一定变化以及能够激发儿童学习兴趣的游戏内容，在游戏的组合方面，难度是循序渐进增加的，课程效益也是逐渐显现的。

3. 确定课程方案

在选择与组合游戏之后，继续确定课程的整体方案和各个环节。课程方案中的课程目的、课程实施时间、课程实施空间、课程实施的场地器材条件、游戏循环方式、激励手段、安全措施、可能存在的风险与控制对策以及游戏变化方式等都应该是明确的。在这一环节还需要对游戏的环节进一步予以优化，使其与课程实施的主客观条件相符。优化设计足球游戏内容时既要考虑游戏的趣味性，也要考虑游戏实施的安全性，并具体从五个方面优化游戏的组织实施方式，分别是游戏规则、场地器材、分组分队、练习变形、注意事项等。课程方案最终能否确定，还要看其在现有教学条件下能否顺利实施，这个条件既包括学校的硬件条件，如场地器材条件，也包括软件条件，如教师的教学水平等，在综合考虑与衡量之后最终确定最佳课程方案，以提升课程的效益。

4. 课程准备

在课程设计阶段，课程准备是最后一个环节，是在将课程方案最终确定之后，教师围绕课程需求所做的一些准备工作，如准备场地器材，预习课程方案，熟悉课程内容等。

（二）课程实施

儿童足球游戏课程的实施具体从以下三个方面展开。

1. 运用场地道具

首先要合理划分足球游戏场地区域，并合理分配场地人数、角色站位，使空间得到最佳利用，获得最优时空利用效益。合理划分场地也有助于使儿童在有限的课堂时间内多接触球，可以同时让几组学生进行游戏，提高游戏教学效率。此外，对各种趣味性道具的充分应用也能对儿童的想象力进行激发，使儿童体验足球的趣味性。

2. 适时激励

在足球游戏课程实施中，教师的适时激励能够有效干预课程实施过程，能够起到提升儿童自信心、激发学生兴趣以及使学生体验成就感的作用。教师在教学过程中要少使用命令性的语言或指令性、规定性的教学方式，而应该多引导、激励、鼓励，多提出一些具有启发意义的开放性问题，善于通过言语激励、行为激励、目标激励、兴趣激励、情感激励、榜样激励等各种激励手段来促进儿童自主学习能力的提高。

3. 学生控制

在儿童足球游戏课程的实施中也要有效干预儿童的游戏过程，引导儿童正确认识自己的角色，正确理解游戏规则，提高儿童在小组中合作的意识以及与其他小组公平竞争的意识，并指导儿童按正确的方法完成游戏，及时制止儿童在游戏中的不适宜行为，鼓励他们表现好的行为。总之，通过有效控制学生的游戏过程来提高游戏效果。

此外，在学生控制方面还要对游戏主体的安全予以密切关注，通过检查场地器材、约束不规范动作以及提高学生的安全意识等方式来保护学生在游戏中的安全，预防运动伤害。安全干预要贯穿于游戏分组、场地器材运用、循环练习等各个环节中。

（三）课程调整

课程调整阶段主要是评价课程实施中教师的执教行为，进而明确课程实施的效益及问题。然后有针对性地解决问题，调整课程方案，不断优化教学过程和提高教学效果。

四、儿童足球游戏课程教学内容的编排

（一）培养球感的教学内容的编排

1. 熟悉足球

熟悉足球是儿童球感练习的第一阶段，依据儿童与足球的位置关系，可按照以下顺序安排游戏内容。

（1）按照上肢与足球的关系，安排球在身体（头、颈、胸、腰、腿）周围环绕的游戏练习内容。

（2）按照身体与足球的关系，安排屈膝坐用球画圆→半蹲用球画圆等游戏练习内容。

（3）按照下肢与足球的关系，安排不让球落地→仰卧横向滚动→持球体前屈→球在腿上滚动→双腿夹球→胯下绕 8 字等游戏练习内容。

（4）安排竞赛内容。

2. 感受足球

感受足球是儿童球感练习的第二阶段，儿童在熟悉足球的基础上要进一步了解与感受足球的重量、速度、旋转、方向、运行轨迹等，以全面提高运动感知能力。此阶段按照如下顺序安排课程内容。

（1）拍球：安排原地双手拍球→原地单手拍球→俯卧拍球→拍球转圈→拍球胯下通过→跑动拍球等游戏练习内容。

（2）跑滚球：安排单手跑滚球→双手跑滚球→单双手跑滚球并击中目标等游戏练习内容。

（3）推球：安排单手推球→推出后追球→用手按住球→用手按住滚来的球→滚球练习→推滚回来的球→旋转滚球等游戏练习内容。

（4）投掷球：安排原地接向上投出的球→身体旋转接球→跳跃接球→坐姿接球→向前跑动接球→后退接球→两侧移动接球→拍手后接球→连续投接→短距离传接球等游戏练习内容。

（5）安排竞赛内容。

3. 控制足球

球感练习的目标是使儿童能够很好地控制足球，这是培养儿童足球技术能力的基础。在前两个教学的基础上逐渐过渡到控制足球阶段，强调与足球技术相结合，具体可按以下顺序安排练习内容。

（1）夹球练习：安排双脚夹球→踝夹球→小腿夹球→膝夹球→大腿夹球→跳跃夹球等游戏练习内容。

（2）踢球练习：安排横踢→前后左右踢等游戏练习内容。

（3）带球练习：安排脚外侧带球→脚背正面带球→直线带球→折返带球→S型带球→慢速带球→变速带球→加速带球等游戏练习内容。

（二）技术教学内容的编排

儿童掌握不同足球技术具有一定的顺序性，即掌握某一技术能够为掌握另一项技术打好基础，因而足球技术游戏教学内容的编排要有规律性，具体安排如下。

1. 脚底触球

脚底触球练习是衔接球感练习与足球技术的辅助性练习，技术环节主要包括踩球、拨球、勾球、停球等，按如下顺序安排游戏练习内容：脚掌控球→踩球跳舞→左右交替→踩球转圈→脚掌滚球→脚背勾球→勾球，颠起再接住→脚掌拍球→左右交替→脚掌停球→停高抛球→脚掌滚球→横拨球。

2. 踢球

踢球是正式学习足球技术的第一阶段，要使儿童掌握正确的踢球姿势，教学内容以脚内侧踢球为主，具体安排如下：

首先，按照不同的踢球技术方式，可先体验踢球姿势，顺序为脚内侧踢球→脚背正面踢球→脚背内侧踢球→脚背外侧踢球，然后着重安排脚内侧踢球的游戏练习内容。

其次,依次安排踢定位球→踢地滚球→踢反弹球→踢腾空球等游戏练习内容。

再次,无球练习,按模仿单一动作练习→多个动作分解练习→多个动作连贯练习的顺序安排游戏练习内容。

最后,有球练习,按踢球部位练习→踢球力量练习→踢球准确性练习→踢球控制练习等顺序安排游戏练习内容。

3. 传、接球

(1)传球

在儿童初步掌握踢球技术的基础上开展传接球技术教学。传球游戏练习内容的安排可按照不同的传球距离、传球路线、传球方式、渐进搭配组合等进行安排,总体规律是短距离传球→长距离精确传球、固定路线传球→移动路线传球、无障碍传球→有障碍传球,游戏难度逐渐提高。

(2)接球

维度一:按照动作结构的顺序,分别安排脚触球、顺势回收、把球停稳、顺势转身等游戏练习内容。

维度二:按照接球动作要点的不同,主要进行四个方面的练习,包括先观察再传球、用简单方式传球、传近不传远、传少不传多。

在上述两个维度的基础上安排渐进变化的接球游戏练习内容。

4. 运球

运球是提高儿童足球控制能力的重要技术,运球技术游戏教学内容的安排要体现出渐进性,具体从速度、路线轨迹、障碍、调控等方面体现出来,基本规律是直线运球→曲线运球、缓慢运球→竞速运球、无障碍运球→障碍运球、无控制运球→灵活调控运球,游戏练习难度逐渐提高。

5. 射门

射门技术是足球技术的重要环节,也是提高儿童足球兴趣的重要手段。射门游戏教学内容的安排也是渐进的,主要从四个方面体现出来,分别是射门标志、射门障碍、射门距离、定点移动,基本规律是固定标志射门→移动标志射门、无障碍射门→有障碍射门、近距离射门→远距离射门、定点射门→移动射门，射门游戏练习内容的安排要循序渐进，逐渐提高难度，培养儿童的射门技术能力。

6. 足球对抗

在儿童初步掌握足球基本技术的基础上安排能够培养儿童足球综合能力的对抗性游戏内容，从而促进儿童技术的巩固、身体素质的发展以及心智水平的提升。对抗练习内容通常包括抢球练习、传接球对抗练习和游戏化的小型比赛等，游戏难度主要通过调整游戏规则来调控。通过对抗游戏教学，能够促进儿童足球技术运用水平和实战能力的提高。

第六节 儿童足球游戏课程教学的科学实施与评价

一、儿童足球游戏课程教学实施的原则

（一）游戏规则合理性原则

在儿童足球游戏课程教学的组织实施中，要求游戏规则简单，运动量适宜，练习方式可循环，游戏关键词鲜明、有趣并有教育意义，这样可以提高儿童参与的有效性，提高学习效率，促进课程目标的顺利实现。

（二）合理运用场地器材原则

科学开展儿童足球游戏课程教学，需要在教学过程中合理安排游戏场地和充分准备游戏器材，并正确使用场地器材。遵循合理运用场地器材的原则，要做到以下几点。

首先，重复使用场地器材，提高利用率，这样学生练习的循环次数也会增加，有利于提高学习效果。

其次，使用足球场地器材时，不要囿于传统模式，可以从学校教学条

件和具体教学需要出发对新的器材或用具进行开发和设计，或以新的方式去用旧的器材，使器材可移动、可反馈，并赋予其角色含义，这样能够使课堂氛围更有趣，并能激发学生的兴趣。

最后，改革传统课程观念，不要将足球看作是要学习的"目标"，而要把它当作学习的"道具"，要使儿童把足球当作自己的"朋友"，这样学生在足球游戏中能够更加有趣地去玩转足球。

（三）分组分队原则

在足球游戏课程教学的组织实施中，教师要灵活应用各种教学组织形式，其中分组分队进行游戏是很常见的一种组织形式，教师需根据教学需要、儿童的水平基础以及场地器材条件去进行分组，保证各组内部结构合理，各组之间的能力相对均衡，这样才能使游戏过程更有趣，使游戏结果充满悬念，吸引学生的注意。

（四）趣味与安全性原则

足球游戏课程教学的实施还必须遵循趣味性和安全性原则，遵循趣味性原则，要体现出足球游戏课程与其他足球课程的区别及其不同于一般足球课程的独特性。遵循安全性原则是要保障儿童在课堂上的安全，从热身准备到正式游戏，再到最后的放松活动，每个环节都要贯穿安全监督和管理，使足球游戏课程在安全的环境下顺利实施，取得理想的教学效果。

二、儿童足球游戏课程教学实施的方法

儿童足球游戏课程教学实施的方法及要求见表 3-3。

表 3-3　足球游戏课程实施过程的方法及要求 [①]

参考维度	实施方法	实施要求
广泛参与	降低活动的排他性	游戏内容适合大多数儿童参与

① 段炼．我国 6-7 岁儿童适宜性足球游戏课程体系构建研究 [D]. 长春：东北师范大学，2020.

续表

参考维度	实施方法	实施要求
	减少场地器材所带来的影响	合理规避场地、道具对游戏开展的限制
	为个案设计方案	课程方案能够因儿童个体实施调整，做到因材施教
适宜情况	对儿童客观情况进行了解	注重游戏课程内容的个体适宜性
	循序渐进	根据儿童课程学习情况，循序渐进地安排课程内容、目标要求等
游戏开展	集体性	调动更多儿童共同参与游戏
	挑战性	游戏内容具备一定的挑战性
	模拟性	游戏内容与足球技能学习或足球比赛要求有必要的相关性
	器材引导	充分运用游戏中的器材、道具等
	规则引导	灵活运用游戏规则，以达到不同的课程目标、效果
	知识引导	将知识学习寓于游戏中，引导儿童学习、运用知识
执教行为	尊重	在课程教学中尊重儿童
	语言运用	运用活泼生动的、启发性的语言组织教学
	讲解与示范	合理运用讲解、示范等教学方法
	公平公正	对儿童一视同仁，遵守游戏、比赛规则
激励	语言激励	教师通过表扬、加油、安慰等形式鼓励儿童积极参与课程学习
	行为激励	教师通过榜样示范、与儿童共同参与游戏等形式，激励儿童学习
	团队激励	提高儿童集体意识，并对小组成员进行适当的激励
反馈	调查与记录	注重对课程实施中儿童反馈与课程整体反馈的记录与分析
	注重场景观察	注意营造课程实施氛围
	及时分享	用适当的方式对儿童及课程进行及时评价

三、儿童足球游戏课程教学的评价

现代教学论指出，教学要素的互动、相互作用会直接影响教学效果，如教学目标、教学主体、教学方法、教学环境、教学评价等要素。其中教学评价及其与其他要素的关系对教学效果的影响是非常显著的，因而在儿童足球游戏课程教学中要注重教学评价，包括教学过程评价与教学效益评价，通过评价可以检验儿童足球游戏课程教学设计与实施的科学性、合理性及实效性，并为之后的教学设计提供参考。

（一）儿童足球游戏课程教学过程的评价

教学过程的评价主要从四个方面展开，分别是课程准备、课程过程、课程效果和课程评价，其指标体系见表 3-4。

表 3-4 儿童足球游戏课程教学过程评价指标体系[①]

一级指标	权重	二级指标	权重	三级指标	权重
教学准备	20%	教学理念	5%	从以教为本到主体参与	1%
				从知识本位到注重全面发展	2%
				从单向灌输到激发动机	1%
				从静态预设到动态生成	1%
		学生水平分析	5%	体育意识与态度	1%
				身体素质水平	2%
				锻炼情绪水平	1%
				技术技能水平	1%
		教学文件	5%	教学大纲	2%
				单元计划	1%
				教学计划	1%
				教案（课时计划）	1%
		条件与设施	5%	器材满足教学需要	2%
				场地安排布局合理	1%
				根据本校特点创新	2%

① 段炼．我国 6-7 岁儿童适宜性足球游戏课程体系构建研究[D]．长春：东北师范大学，2020.

续表

一级指标	权重	二级指标	权重	三级指标	权重
教学过程	40%	教学方法应用	10%	动机激发与兴趣培养	2%
				讲解清晰明确、有感染力	2%
				关注学法指导与培养	2%
				纠正错误及时有效	2%
				采用现代化直观教学手段	2%
		教学目标设计	10%	教学目标设计的针对性	3%
				知识技能目标的可观察性	2%
				增进健康目标的可测性	2%
				情感态度目标的行为特点	3%
		教学组织形式	10%	教师主导和学生主体发挥	3%
				课程结构和负荷合理	3%
				有效利用时间与空间	2%
				课程氛围和学生情绪引导	2%
		教学内容选择	10%	精选内容并具有针对性	2%
				难易度适宜、重点突出	2%
				内容丰富、符合本校情况	2%
				传统内容与新兴项目结合	2%
				知识与技能体现连贯性	2%
教学效果	25%	全面教育发展	8%	形成良好的行为习惯	2%
				塑造了活泼、乐观的性格	2%
				乐于与他人共同运动	2%
				培养了对足球课程的兴趣	2%
		健康体适能	8%	机能水平改善	2%
				身体素质提高	2%
				身体形态符合年龄特征	2%
				能以足球运动方式调节情绪	2%
		足球知识与技能	9%	知识与技能的主动应用	2%
				记忆理解体育知识	2%
				对足球课产生期待	1%
				对教学内容感兴趣	2%
				喜欢教师的教学风格	2%

续表

一级指标	权重	二级指标	权重	三级指标	权重
教学评价	15%	即时评价	5%	激励评价，关注学生行为	2%
				指导评价，关注技术技能形成	1%
				单元教学目标达成	2%
		形成性评价应用	5%	技术技能掌握	1%
				体育知识理解	1%
				个体差异变化	1%
				学期教学目标的达成	2%
		终结性评价应用	5%	对师生教与学的激励	1%
				检验教学大纲的适宜性	1%
				教学结果的诊断与反馈	3%

（二）儿童足球游戏课程教学效益的评价

评价儿童足球游戏课程的教学效果，主要是客观评定儿童的足球游戏学习成果，具体评价主要从三个维度展开，分别是足球技能维度、健康体适能维度以及全面发展维度。从这几个维度进行评价是由足球游戏课程理念和课程目标决定的。儿童足球游戏课程教学效益三级评价指标体系见表 3–5。

表 3–5　儿童足球游戏课程教学效益评价的指标体系 ①

一级指标	权重	二级指标	权重	三级指标	权重
足球技能指标	30%	球感	10%	颠球	5%
				踩拨球	5%
		运球	5%	往返运球	5%
		踢球	5%	踢准	5%
		身体素质	5%	冲刺跑	5%
		比赛能力	5%	场地比赛	5%

① 段炼．我国 6–7 岁儿童适宜性足球游戏课程体系构建研究 [D]. 长春：东北师范大学，2020.

续表

一级指标	权重	二级指标	权重	三级指标	权重
健康体适能指标	30%	身体机能	10%	BMI	5%
				肺活量	5%
		柔韧	5%	坐位体前屈	5%
		速度	10%	50 米跑	10%
		耐力	5%	1 分钟跳绳	5%
全面发展指标	40%	性格塑造	10%	竞争力	2.5%
				抗挫折	2.5%
				决断力	2.5%
				自信心	2.5%
		习惯养成	10%	尊重与风纪	4%
				运动、学习习惯	3%
				生活习惯	3%
		兴趣培养	10%	足球游戏兴趣	2.5%
				比赛兴趣	2.5%
				主题活动兴趣	2.5%
				学习兴趣	2.5%
		社会适应	10%	沟通协调	3%
				团队精神	4%
				领导力	3%

第四章

儿童足球游戏课程之基础类游戏教学设计

基础类足球游戏教学设计主要从熟悉球性类游戏和身体素质类游戏着手进行，设计这两类游戏，并在足球游戏课上组织儿童参与游戏，有助于培养儿童的球感、身体素质、规则意识以及竞争与合作意识，并为儿童学习对抗性较强的技战术类游戏奠定基础。本章主要结合儿童身心特点和兴趣爱好，选取一些具有普适性、趣味性、锻炼性、教育性的熟悉球类游戏、身体素质类游戏进行分析，从而为足球基础类游戏教学提供指导。

第一节 熟悉球性类游戏

一、网鱼大作战

【游戏准备】

足球 7 ～ 14 个,标志服 8 ～ 14 件,标志桶 4 只。

【游戏目标】

提高学生对足球的控制感觉。

【游戏方法】

(1)两名学生作为捕手,手拉手成网,进行捕鱼;其余学生持球,作为“鱼”在指定区域内进行运控球,并躲避捕手。

(2)捕手之间不能松手,持球人不得将球运出界。捕手将持球人的球破坏出界得 1 分,被捕的学生自动与捕手拉手变成网,参与捕“鱼”。

【游戏要点】

(1)脚持球后,将球保持在身前,不可离球太远。

(2)学会利用场区,有意识地向场内更大的空间进行跑动、控制球。

(3)注意力集中,脚下始终保持动起来的状态。

【游戏提示】

改变场地大小以调整游戏难度。

二、抢宝物

【游戏准备】

足球 10 ～ 14 个,标志服 4 ～ 12 件,标志盘 6 只。

【游戏目标】

提高学生的接球能力与快速反应能力。

【游戏方法】

(1)学生前后间隔 30 米而相对站立,中间放与人数相同的足球。

（2）教师示意后，学生迅速向中间跑去，拿到对应的足球后快速运回起点，坐在球上。

（3）最先坐在球上的小组胜利。

【游戏要点】

（1）注意抬头观察。

（2）运球时球不能离身体太远。

【游戏提示】

往回跑时，用脚颠球回到原位。

三、木头人

【游戏准备】

足球1～7个，标志服8～12件，标志桶4只。

【游戏目标】

提高学生的反应能力。

【游戏方法】

（1）以10人为例，所有学生在规定的区域内分为1～10号。

（2）学生在区域内集合，由1号学生开始向天空掷球，随即喊出任一号码后，全部跑散，被喊到的学生接球后喊“定”，其余学生站在原地不能动，手持球的学生用手抛球的形式投掷给任一学生。

（3）击中得1分。

【游戏要点】

（1）注意力集中，注意观察。

（2）脚下保持移动的状态，选择最为快速的转身动作逃离。

【游戏提示】

可通过改变场地大小或传球部位来调整游戏难度。

四、我比你快

【游戏准备】

足球2～9个，标志服8～12件，标志盘27只，标志桶2只。

【游戏目标】

提高学生快速折返跑的能力。

【游戏方法】

（1）将所有学生分为两组，抢夺中间区域的标志盘。

（2）教师给出手势信号后，第一名学生运球向中间区域抢夺标志盘，并回到本方区域将其放在指定位置，下一名学生出发。

（3）抢夺一个标志盘得 1 分，直到所有标志盘都抢空。

【游戏要点】

（1）注意力要集中，教师给出手势信号后迅速出发。

（2）折返时降低重心，快速转身。

【游戏提示】

可通过改变往返方式，如运球折返、互相抢夺足球等，来调整游戏难度。

五、摆脱侵略者

【游戏准备】

足球 7 个，标志服 12 ～ 16 件，标志桶 4 只。

【游戏目标】

提高学生之间的团队协作意识。

【游戏方法】

（1）所有学生在规定区域内自由奔跑。

（2）选 3 名学生作为“侵略者”，随机将 3 个球发给其他任意 3 名学生，每人一球，抱在手里，“侵略者”不能抓有球的学生。

（3）被抓学生需在原地等待“救援”，有球的学生可以用传球的方式将被抓学生“激活”。

（4）规定时间内，圈内被抓人数大于 3 人为胜利，反之，则“侵略者”方输。

【游戏要点】

（1）学生相互之间要进行积极沟通，寻求合作或者支持，多进行呼应。

（2）注意观察周围的情况、持球人的位置、“侵略者”的位置。

【游戏提示】

可通过改变“侵略者”的数量及运球方式来调整游戏难度。

六、躲避怪物

【游戏准备】

足球 8 ~ 14 个,标志服 8 ~ 14 件,标志盘 16 只。

【游戏目标】

提高学生的运控球能力。

【游戏方法】

(1)在规定的区域内设置两个安全区。

(2)将所有学生分成两组,在规定的区域内运球。

(3)当教师喊到其中一组时,该组即为抓捕组,需迅速运球抓捕另一组;另一组学生在运球的同时躲避抓捕,争取被抓到前进入两个安全区。

(4)被抓捕的组每一人进入安全区得 1 分。

【游戏要点】

(1)提前观察和计划运球路线。

(2)运球时抬头观察对方学生的位置。

(3)所有学生在控制好球的情况下,速度要快。

(4)充分利用场区,向场内无人空间运球。

【游戏提示】

可通过增减抓捕组数量来提高或降低游戏难度。

七、环游中国

【游戏准备】

足球 8 ~ 14 个,标志服 8 ~ 14 件,标志盘 16 只。

【游戏目标】

提高学生的运控球能力。

【游戏方法】

(1)在规定区域内设置 4 个 5 米 ×5 米的小区域,并分别编制代码:“北京”“天津”“上海”“重庆”(或其他城市)。

（2）所有学生分为两组，每人一球，分别站在对角线的两座“城市”内。

（3）两组学生根据教师指令按规定路线如逆时针，运球至指定“城市”，并完成该“城市”的规定动作练习。例如：“北京”为踩球练习，“天津”为推拨球练习，“上海”为推拉球练习，“重庆”为颠球练习等。

（4）先完成练习的组得 1 分。

【游戏要点】

（1）要集中注意力。

（2）快速运球的同时，保持球与身体的距离。

（3）运用合理的方式停球。

【游戏提示】

可通过改变小区域数量、反向指令、运球路线来调整游戏难度。

八、互帮互助

【游戏准备】

足球 2 ~ 8 个，标志服 6 ~ 12 件，标志桶 4 只。

【游戏目标】

培养学生的两人传球配合能力。

【游戏方法】

（1）两名学生一球，在规定场地内相互传球，可以任选一名学生做防守学生，完成二过一。

（2）传球被抢下后，替换抢球人；若传球能力较强，需限定 2 ~ 3 分钟替换抢球人。

【游戏要点】

（1）注意两人之间的沟通与交流。

（2）做好准备进行传球或接球。

（3）尽量用脚内侧传球，提高准确性，控制好力量、角度、方向。

【游戏提示】

可通过改变场地大小来调整游戏难度。

九、大风车

【游戏准备】

足球 4 ~ 10 个，标志服 8 ~ 16 件，标志桶 4 只。

【游戏目标】

让学生体验身体各部位对足球的触感。

【游戏方法】

（1）以 8 人为例，将学生分成两组，每组 4 人，其中一组位于圆形区域内，另一组位于圆形区域外站立，相邻间隔 10 米。

（2）圈内 4 名学生跑动观察，当圈外站立学生将球手抛至圈内时，圈内跑动学生触球并回敲给抛球者，然后再寻求其他的抛球。

（3）完成一次触球敲得 1 分，规定时间内完成次数多者获胜。

【游戏要点】

（1）注意与抛球者之间的沟通与交流，语言简单明确。

（2）要做好触球前的准备姿势。

【游戏提示】

可通过改变触球部位，如脚内侧、脚背正面、头部等，来调整游戏难度。

十、胜券在握

【游戏准备】

足球 8 ~ 14 个，标志服 8 ~ 16 件，标志桶 8 个。

【游戏目标】

提高学生的快速运球能力。

【游戏方法】

（1）以 8 人为例，分为红蓝两组，每组 4 人，分别在相对的区域内自由运球。

（2）红队学生依次运球到蓝队区域，并争取在 15 秒内“捉到”蓝队任一学生，计时结束后运球返回，下一名学生接力出发。

（3）红队所有学生完成后，蓝队学生依次进行。

（4）每“捉到”1 名学生得 1 分，一个回合后总分多的组获胜。

【游戏要点】

（1）在练习中注意力要集中。

（2）注意观察对方学生的运球方向。

（3）逃跑学生在运球时应尽量散开，给对手的追逐增加难度。

【游戏提示】

根据完成情况，可变为无球。

十一、攻占地盘

【游戏准备】

足球 8 ～ 14 个，标志服 8 ～ 16 件，标志盘 20 只，标志桶 4 只。

【游戏目标】

提高学生的控球能力。

【游戏方法】

（1）在规定区域内用标志盘设立不同形状的区域，学生各持一球进行运球。

（2）当教师鸣哨后，学生须带球快速跑进规定的任意区域。

（3）最后两名进入区域内的学生扣 1 分。

【游戏要点】

（1）在控制好球的同时，抬头观察周围环境。

（2）将球控制在身前，不要离球太远。

（3）强调听到哨声后的快速反应，迅速带球跑到指定区域。

【游戏提示】

可通过给区域编号、反向指令等方式来调整游戏的难度。

十二、抢运物资

【游戏准备】

足球 2 ～ 8 个，标志服 6 ～ 12 件，标志盘 24 只，标志桶 4 只。

【游戏目标】

提高学生的运控球能力。

【游戏方法】

（1）将学生分为两组，分别站在同一边线的两侧，对角区域各放十只标志盘。

（2）学生依次快速运球到对角区域将标志盘取回起点，中途可以破坏抢截另一队的球。

（3）率先将标志桶全部取回本方区域的一组获胜。

【游戏要点】

（1）注意力集中，多抬头观察对手。

（2）快速行动的同时，要将球保持在身前，不要离球太远。

（3）破坏另一队足球的前提是要保护好自己的球。

【游戏提示】

可通过改变搬运方式，如每组两人或多人同时搬运，来调整游戏难度。

十三、我的地盘我做主

【游戏准备】

足球 8 ~ 14 个，标志服 8 ~ 16 件，标志盘 8 ~ 14 只，标志桶 4 只。

【游戏目标】

提高学生在控制球的同时快速做出反应的能力。

【游戏方法】

（1）每人一球，在区域内自由运球，标志盘数要小于运球人数。

（2）教师吹哨后，学生迅速争夺地上的标志盘，将球放在标志盘上视为占领。没能占领到标志盘的学生任务失败。

【游戏要点】

（1）提前观察标志盘的位置。

（2）注意力集中，注意教师的哨声。

（3）把球保持在身前，不可离球太远。

【游戏提示】

可通过改变场地大小或标志盘数量来调整游戏难度。

十四、躲闪大逃亡

【游戏准备】

足球4 ~ 10个,标志服8 ~ 16件,标志盘4只。

【游戏目标】

提高学生的快速观察能力与对足球的判断能力。

【游戏方法】

(1)4名掷球学生分别站在规定区域的边线上,其余学生在区域内。

(2)掷球学生只可以在边线上向区域内的学生掷球,其余学生全部在规定的区域内自由跑。

(3)掷球学生可随便选择区域内的学生进行投掷,被投掷到的学生即为"阵亡"。

【游戏要点】

(1)注意力集中,脚下保持移动的状态。

(2)学会抬头观察前方及周围的情况。

(3)充分学会利用变向、变速、假动作等躲避其他学生。

【游戏提示】

可通过调换学生,或改变传球部位,如脚等,来调整游戏难度。

第二节　身体素质类游戏

足球素质练习,组织形式简易,题材有趣,可为提高儿童的竞技能力打下良好的基础。身体素质游戏是依据足球运动的肌肉用力特点和儿童的身心特点所设计的,其中多数练习是结合球进行的,能较好地培养儿童的身体素质,尤其是身体协调性。足球运动对儿童的身体协调能力有较高的要求,协调性是在有压力情况下完成技巧的能力,具有良好协调能力的儿童在完成动作时,动作时序合理并符合运动生物力学原理,能够保证动作的准确性与灵活性。

儿童的协调性运动觉基本上是在6 ~ 12岁形成的,在12岁以后主要发展的是空间判断能力。平衡能力、综合反应能力以及节奏感也主要是由 6 ~ 12 岁期间的发展水平决定的。

关于儿童身体协调性的练习，建议采用先分解练习，后组合完整练习的方法，练习内容包括步法练习、滚翻练习、转动练习及跳跃练习等。在足球身体素质游戏练习中要特别注意结合足球进行协调性练习，但因为协调性是一种综合性的身体素质，受力量、速度、灵敏、平衡等素质的影响，因而在身体素质游戏练习中常常以综合性练习为主。下面选取的身体素质类游戏大部分是与足球相结合的游戏，游戏比较简单，在教师作简单指导后，学生基本可以自己单人练习或与同伴配合练习，因为游戏较为简单，因此每个游戏只简要说明游戏目的和游戏方法。

一、跳起接球

【游戏目标】

促进学生力量、柔韧性和灵敏性等身体素质的发展。

【游戏方法】

双手持球，双脚起跳后背呈反弓形，并将球置于颈后；然后从体前用力向下猛掷，使球弹起；再跳起在头上接球。重复练习。

二、触球绕环

【游戏目标】

培养学生的柔韧素质及灵敏性。

【游戏方法】

学生直腿坐立，球置于脚边，用手绕身体滚动球。反复练习。

三、掩护

【游戏目标】

培养学生的灵敏性和协调性。

【游戏方法】

两名学生相对，并各自在体前滚球，学生用一只手护住自己的球，并设法用另一只手将对方的球击跑。

四、射门跳跃

【游戏目标】

培养学生的灵敏性和协调性。

【游戏方法】

一名学生成跪趴的姿势，形成一个“小门”；另一名学生将球从“小门”滚过，并跳越该学生到对面捡球。然后双方交换位置，重复练习。

五、脚底回传球

【游戏目标】

发展学生的力量素质。

【游戏方法】

一名学生向仰卧的另一名学生抛球，仰卧的学生收腹举腿至胸部，用脚底将球回传给掷球的学生。进行数次后，双方交换位置继续练习。

六、仰卧脚传球

【游戏目标】

培养学生的柔韧性和协调性。

【游戏方法】

两名学生头对头仰卧；其中一名学生踝关节夹球，举腿将球抛向同伴，同伴用手接球后以同样的方式回传。重复练习。

七、头顶球

【游戏目标】

发展学生的力量、速度及灵敏性。

【游戏方法】

两名学生相对而立，一名学生站立，另一名学生蹲立；站立的学生向蹲立的学生抛球，则蹲立学生俯冲将球头顶给掷球的学生。然后交换位置，重复练习。

八、抛球前滚翻

【游戏目标】

培养学生的力量、速度及灵活性。

【游戏方法】

一名学生仰卧于地面，两腿上举，两脚夹球，向前抛球后接一前滚翻动作；另一名学生跑出捡球，然后交换位置，继续练习。

九、后滚翻接头顶球

【游戏目标】

培养学生的柔韧性、力量及身体协调能力。

【游戏方法】

一名学生将球上抛，与此同时，同伴做一次后滚翻；然后跳起将球顶给抛球学生。数次练习后，交换位置继续练习。

十、仰卧顶球

【游戏目标】

培养学生的柔韧性、力量及身体协调能力。

【游戏方法】

一名学生仰卧，另一名学生站立并向他抛掷球；仰卧学生起身成坐立姿势并将球回顶给掷球学生。数次练习后，双方交换位置继续练习。

十一、爬行跳跃追赶

【游戏目标】

培养学生的柔韧性及身体协调能力。

【游戏方法】

一名学生膝关节夹球，并绕圈不断跳跃；另一名学生左手握住左踝关节，单脚跳跃追赶前面学生，设法用另一只手将其夹着的球打掉。练习片刻后，交换位置继续练习。

十二、额夹球起立

【游戏目标】

培养学生的协调能力和配合能力。

【游戏方法】

两名学生握手相对而坐，并将球夹在两额之间；保持球在两额之间的同时 2 人起身立起，再坐下。重复练习。

十三、抱球起立

【游戏目标】

培养学生的协调能力和配合能力。

【游戏方法】

两名学生相对而坐，并同时双手紧紧地抓抱着球，然后两人同时后仰起身呈站立姿势。重复练习。

十四、返身追球

【游戏目标】

增强学生的力量、灵敏性和协调性。

【游戏方法】

学生将球置于地面，从两腿之间向后滚动，返身追球后再从相反的方向进行。重复练习。

十五、挺胸传球

【游戏目标】

发展学生的力量、柔韧性和协调性。

【游戏方法】

学生仰卧，将球置于胸前；然后挺胸使背呈反弓形，将球传过。重复练习。

十六、俯卧拍球

【游戏目标】

发展学生的力量、柔韧性和协调性。

【游戏方法】

学生双手持球，以腹部着地平趴，膝、腿、肘关节均离开地面形成背弓姿势，保持该姿势的同时双手拍接球。

十七、桥式接球

【游戏目标】

发展学生的力量、柔韧性和协调性。

【游戏方法】

学生仰卧，以肩和脚跟支撑呈背弓姿势。双手向上抛球，然后在胸前接球。重复练习。

十八、换手抛球

【游戏目标】

发展学生的力量、柔韧性和协调性。

【游戏方法】

学生两腿开立，微屈，双手背后持球，右手在左手之前将球向上轻微抛起，交换两手的位置。重复练习。

第五章

儿童足球游戏课程之技术类游戏教学设计

足球技术是足球教学的核心内容，是足球教学的重点与难点，儿童足球游戏教学中要高度重视足球技术类游戏的设计与教学，适当增加足球技术游戏教学内容在足球游戏课程中的比例，通过不断的练习，切实提高儿童的足球兴趣和足球技术水平，并为儿童学习与掌握足球战术、参与足球比赛奠定扎实的基础。本章主要对儿童足球游戏课程之技术类游戏教学设计展开研究，具体包括传接球技术游戏、运球技术游戏、颠球技术游戏、射门技术游戏以及守门员技术游戏。本章所选的技术游戏比较符合儿童的身心特点和足球技术本身的特点，既有游戏的趣味性，也有足球的专业性，能够为足球技术类游戏教学提供有效指导。

第一节　传接球类游戏

一、火车穿山洞

【游戏目的】

训练和提高学生传地滚球的力度与准确性(图 5-1)。

【游戏准备】

一块足球场地或平坦的操场,2 个足球。

【游戏方法】

(1)所有学生按人数平均分为两队,队首学生持球,各队剩下的学生两脚开立站成一列。

(2)队首学生与本队其他学生相对站立。

(3)游戏开始,队首学生迅速将球从同伴裆下传过,然后迅速站到队首,队尾学生接球后运球到原传球者的位置。

(4)各队学生依次做传球、接球和运球动作,先完成比赛的队伍获得胜利。

【游戏规则】

(1)不限制踢球的方法,但传出的球必须要经过同伴裆下传至最后一人,否则视为犯规,要重新开始。

(2)传球过程中不能用手或脚接触球。

(4)传出的球未达到最后一人,应重新传球。

【游戏提示】

(1)可以采用限定或不限定传球技术的方法比赛。

(2)通过调整学生间的距离增加或降低游戏难度。

(3)传球时要注意安全,避免踢伤旁边的同伴。

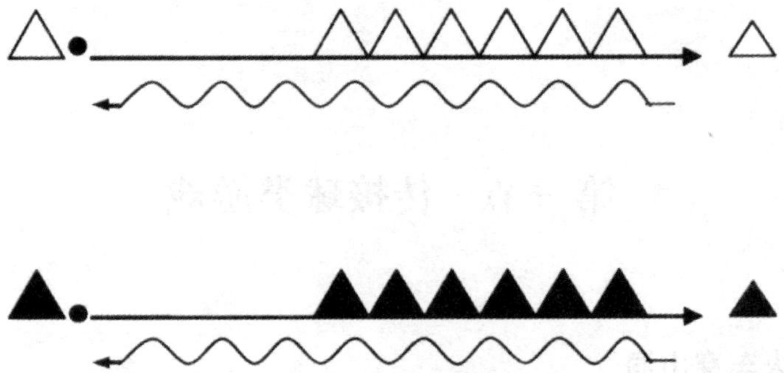

图 5-1 火车穿山洞

二、绕圈传球

【游戏目的】

提高学生传球的准确性。

【游戏准备】

一块足球场地,若干标志旗,足球。

【游戏方法】

(1)画一个大的圆圈,圈内随意插数面旗子。

(2)全体学生均分为两队,学生交叉站在圈外。

(3)每个队都有一半学生持球,并记住自己所对应的同伴。

(4)游戏开始,全体逆时针绕圈跑动,并伺机通过圆的直径传球给自己的同伴。

(5)顺利传给同伴得1分,规定时间内,传球成功次数多的队获胜。

【游戏规则】

(1)传球时,球不得碰倒旗子,碰倒的旗子由传球者负责竖起。

(2)所有人必须在圈外跑动和传球。

【游戏提示】

(1)可以根据学生的实际水平合理地调整圈内旗子的数量。

(2)传球脚法可以作相应调整。

三、节节高

【游戏目的】

提高学生传球的技术水平(图 5-2)。

【游戏准备】

足球场地一块,足球若干个。

【游戏方法】

(1)所有学生列一纵队,每人 1 球。

(2)由队首的学生开始,每人做两次传球,一次高传球、一次低传球。

(3)规定时间内传球次数多者获胜。

【游戏规则】

(1)运用正确的手形保持好击球点做自传。

(2)高、低两次传球高度应有明显差别。

(3)高传球时,球的飞行弧线最高处距地面应超过 3 米。

【游戏提示】

(1)结合实际情况适当调整球飞行的高度。

(2)传球要准确,否则视为无效,不计入次数。

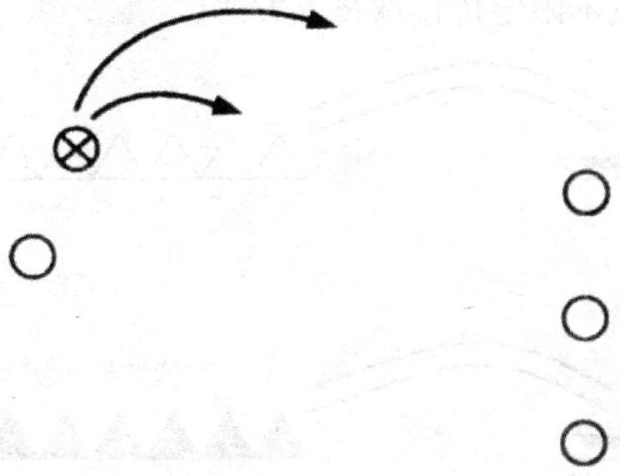

图 5-2　节节高

四、投篮比拼

【游戏目的】

提高学生凌空传球的力度和准确性(图 5-3)。

【游戏准备】

足球场地半块，足球 20 个，球筐 2 个。

【游戏方法】

（1）所有学生均分为两队，成纵队站好。

（2）每队选一名学生负责传球。

（3）距离纵队有一定距离的地方放置一个篮筐，传球的学生站在篮筐后。

（4）传球者大力传球给本队位于队首的同伴。

（5）队首学生接球后，快速将球踢回，要求踢进篮筐内，不进者重新踢。

（6）各队依次进行，球落入篮筐次数多的队获胜。

【游戏规则】

（1）踢球学生接到球后，应尽量快地将球踢回。

（2）踢球学生应在原地踢球，不得助跑。

（3）抛球学生可配合本队学生进行二次补踢球，使球落入篮筐，但球着地后不能再继续踢。

【游戏提示】

（1）篮筐与队首学生的距离可以适当调整。

（3）可限定或不限定传接球技术方法。

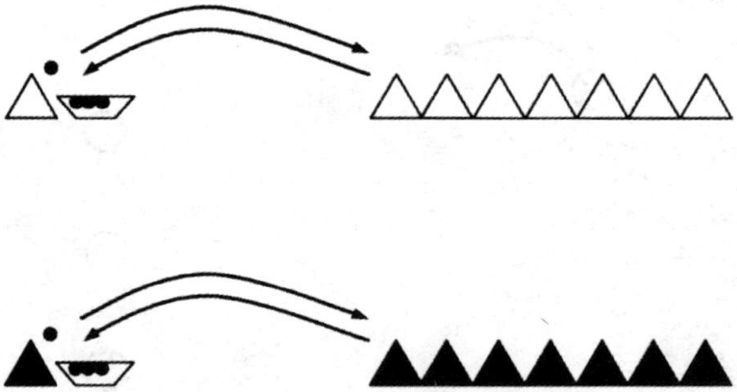

图 5-3　投篮比拼

五、三角传球

【游戏目的】

提高学生原地传球能力和传球准确性。

【游戏准备】

平整的空地1块,每3人1个足球。

【游戏方法】

(1)3人一组,每两组交错站位。

(2)学生之间各相距3~4米,每人持一球。

(3)如图5-4所示,①传②,②传③,③传①,❶传❷,❷传❸,❸传❶。反复进行。

【游戏规则】

(1)反复传球,先失误的队失败。

(2)传球技术动作应正确,尽量不传地滚球。

【游戏提示】

(1)根据学生技术水平,调整学生的间距。

(2)结合学生情况,两队可以交叉三角传球,也可分别在不同区域进行三角传球。

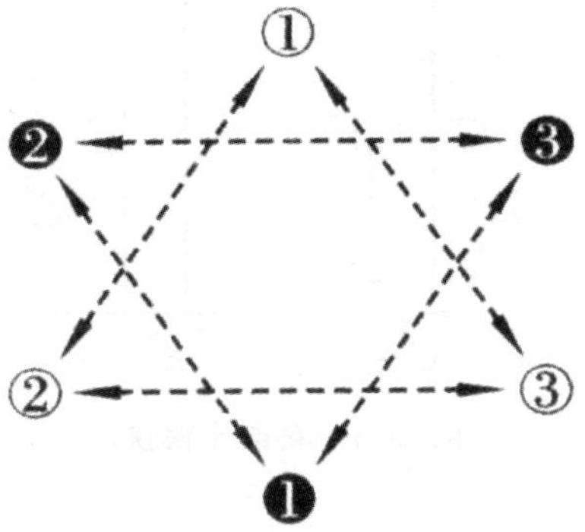

图5-4 三角传球

六、看谁传得快

【游戏目的】

提高学生快速准确传球的能力。

【游戏准备】

足球场地半块,足球若干,标志物若干。

【游戏方法】

画两条间隔5米的平行线,学生两两分组,面对面站在两条平行线上，在二人中间平行放置两个标志物。游戏开始，同组两名学生连续来回传球，保证球穿过两个标志物中间。先完成 50 次传球的组获胜（图 5-5）。

【游戏规则】

（1）学生传球的脚法不限，但每次传球必须穿过与两人相对应的两个标志物的中间，而且球的高度不能高过标志物的高度。

（2）学生击球点不能越过事先画好的平行线，否则视为无效。

【游戏提示】

（1）教师需从实际教学需要出发组织游戏，必要时可对游戏规则作调整，可以要求学生必须只用某一个部位连续传球。

（2）教师要基于学生的真实技术能力来划分小组，合理并均衡地搭配各组人员。

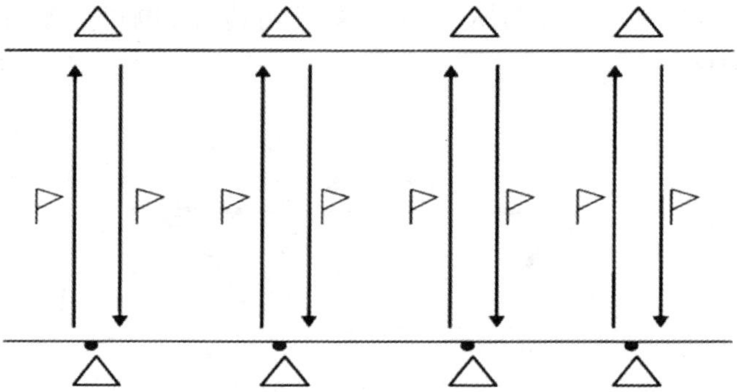

图 5-5　看谁传得快

第二节　运球类游戏

一、蚂蚁搬家

【游戏目的】

培养和提高学生快速准确的运球能力以及对球的控制能力。

【游戏准备】

一块标准的足球场地，足球若干个。

【游戏方法】

（1）在足球场上画一个直径为 10 米左右的圆圈，圆圈周围分布着若干个“窝”。

（2）学生站在各自“窝”内，游戏开始后，迅速将圆圈内的球运到自己的“窝”内。

（3）在规定的时间内，“窝”内球数量多者获得胜利。

【游戏规则】

（1）所有学生站在自己“窝”内，不能去抢其他人“窝”内的球，否则视为犯规。

（2）在运球时，任何人不能去阻碍或者截断他人的运球。

【游戏提示】

（1）可以根据学生的实际情况适当地调整足球场圆圈的大小或者增减足球的数量。

（2）学生在运球过程中要注意安全，避免发生冲撞。

二、运球接力

【游戏目的】

培养和提高学生快速运球行进以及掌控球的能力（图 5-6）。

【游戏准备】

足球场地一块，足球若干个。

【游戏方法】

（1）全体学生按人数均分为两队，在起始线后站好。

（2）游戏开始，两队排头运球前进，将球放在正前面的远方的圆圈后，迅速跑回，与本队第二人击掌，回到队尾，第二人开始出发运球。

（3）各队学生按照以上步骤依次进行，先完成比赛的队伍获得胜利。

【游戏规则】

（1）学生在运球过程中，始终将球控制在脚下，不得直接踢远跑进。

（2）到达终点与同伴击掌后，同伴才能出发，否则视为犯规，重新开始。

【游戏提示】

（1）根据学生的运动基础，可以限定运球脚法。

（2）根据学生的技术水平，可以适当调整运球的距离和时间。

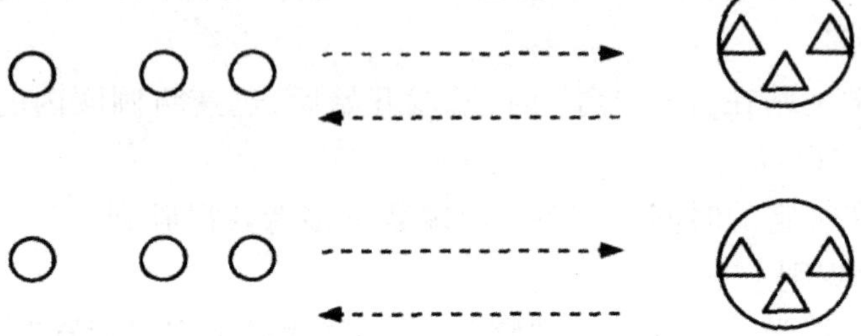

图 5-6　运球接力

三、运球追捕

【游戏目的】

提高学生随意运球的能力和技巧，以及对球的精确控制能力。

【游戏准备】

一块平整的足球场地，足球 20 个。

【游戏方法】

（1）全体学生分成人数相等的两队，每人一球，一队为追捕方，另一队为逃跑方。运球者为追捕方，无球者为逃跑方。

（2）在场地规定圆圈内活动，游戏开始后，追捕方运球并用手捕捉逃跑方，逃跑方尽力躲避。

（3）被捉者离开场地，直到所有学生被捉到。

【游戏规则】

捕捉逃跑方用时较短的队伍获得比赛胜利。

【游戏提示】

（1）可以根据实际情况，限定或不限定运球的方法。

（2）可以根据学生数量的多少，确定圆圈场地的大小。

四、防守运球

【游戏目的】

提高学生运球时的控球能力和防守移动能力。

【游戏准备】

足球场半个，足球 10 个。

【游戏方法】

（1）在场地中央画一个大圆圈。圈内每两人一攻一守，防守者抢到一次球得 2 分。

（2）规定比赛时间，在规定时间内得分多者获得胜利。

【游戏规则】

（1）只用一个球，各组可互相配合掩护抢球。

（2）必须在圆圈内展开攻防，出圈者会受到警告。

【游戏提示】

（1）可以根据学生的足球运动基础，限定或不限定运球方法。

（2）根据学生数量确定足球场内圆圈的大小。

（3）抢断球时允许合理冲撞，但要注意安全。

五、两人三足运球接力

【游戏目的】

培养和提高学生快速运球行进以及掌控球的能力（图 5-7）。

【游戏准备】

1 块足球场，两条绳子，4 个足球。

【游戏方法】

画两条相距 15 米的起跑线，将学生分为人数均等的两个队，每队人数是偶数，每队再两两分组，分别在两起跑线后站好，用绳子绑住一组中两名练习者相邻的两条腿，两队同侧的第一组练习者各持一球。游戏开始，第一组学生向对面起跑线迅速运球，对面第一组学生接球后迅速运球回到对面的起跑线，对面第二组学生接球后按同样的方法继续完成游戏，直至两队中所有练习小组都完成后游戏结束。用时最少的队获胜。

【游戏规则】

（1）学生在运球过程中始终将球控制在脚下。

（2）整个游戏过程中不得借助其他身体部位运球。

【游戏提示】

（1）根据学生的运动基础，可以限定运球脚法。

（2）根据学生的技术水平，可以适当调整运球的距离。

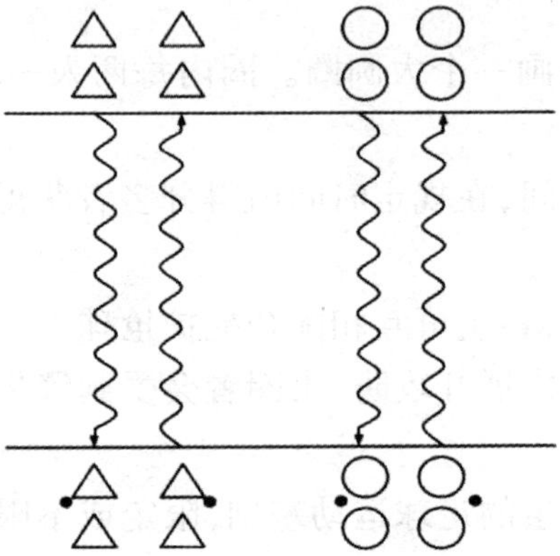

图 5-7　两人三足运球接力

六、运球过人

【游戏目的】

提高学生随意运球的能力和技巧；提高对球的精确控制能力（图 5-8）。

【游戏准备】

1 块足球场，1 个足球。

【游戏方法】

在足球场地上画长 30 米，宽 20 米的长方形，两个游戏队人数均等，分别站在两条对应的边线外。各队轮流派一名学生参与游戏。游戏开始，两队的两名学生其中一人持球向对方边线运球，突破防守，防守者采用抢断球技术阻拦对方。如果断球成功，双方互换角色，直到其中一名学生成功将球运到对方边线后该组游戏结束。接着再派学生参与游戏，直到所有学生完成后游戏结束，统计两方的获胜次数，多者为胜。

【游戏规则】

（1）防守方阻拦对方只能采用抢断球技术，不能故意碰撞对方。

（2）只有运球到对方边线处才能换人继续游戏。

【游戏提示】

（1）可以根据具体实际情况，限定或不限定运球的方法。

（2）可以根据学生数量的多少调整场地大小。

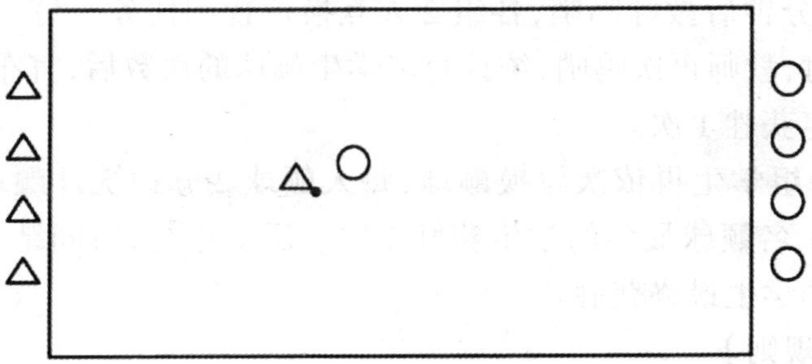

图 5-8 运球过人

第三节 颠球类游戏

一、计时颠耍球

【游戏目的】

（1）提高学生颠耍球的兴趣与积极性。

（2）掌握各种颠耍球技术动作，熟悉球性。

（3）提高学生克服困难，自主练习颠球技术的自觉性。

【游戏准备】

（1）在平坦的场地内，画线或用标志桶摆放若干边长为 5 米的正方形场地。

（2）每两人 1 个足球。

【游戏方法】

（1）两名学生一组，一名学生持球站在正方形内，另一学生站在正方形外准备计数。

（2）教师鸣哨后，持球学生用脚背正面颠球，球落地后可以捡起来继续颠球和计数。如果球出正方形的边线，要捡回球到正方形内接着颠球才能计数，在正方形外颠球不能计数。

（3）2 分钟后教师鸣哨，各组 2 人互换位置和任务。另一名学生颠球 2 分钟时，教师再次鸣哨，统计每名学生颠球的次数后，宣布颠球次数最多的学生获胜 1 次。

（4）各组学生再依次轮换颠球，每人颠球 2 分钟统计颠球次数后，再次宣布 1 名颠球最多的学生获胜 1 次。反复进行，时间结束后，获胜次数最多的学生最终获胜。

【游戏规则】

（1）只能用脚背正面颠球。

（2）球出边线后，必须捡回到正方形场内，再接着颠球，否则不计次数。

【游戏提示】

（1）如果游戏对象水平较高，必须用两只脚的脚背正面交替颠球，其他部位不计次数。

（2）根据练习目的，也可以不限制颠球的部位，但球落地 1 次后，即统计颠球的次数，颠球次数最多的学生获胜 1 次。

二、2 人大腿颠传球

【游戏目的】

（1）提高学生大腿颠球的积极性。

（2）提高各种情况下学生大腿颠传球的能力。

（3）提高学生大腿颠球的配合能力。

【游戏准备】

（1）画线或用标志盘摆放若干边长为 3 米的正方形，在距正方形两端线各 1 米处，画 1 条与两端线平行的线，为传球区线。

（2）两人一个足球。

【游戏方法】

（1）两人一组，分别站在传球区内，其中 1 人手持球。

（2）教师鸣哨后，持球学生抛球给同组的另一名学生，接球后，必须颠球 1 次以上后，再回传给抛球的同伴。

（3）抛球学生也用大腿颠球 1 次以上后，再回传给同伴，两人依次反复地用大腿颠球后相互传球，球落地可捡起来继续颠传球。

（4）颠传球 2 分钟时教师鸣哨，统计各组颠传球的次数，颠传球次数最多的组获胜 1 次。

（5）依次反复地进行，直到游戏结束，最后按获胜次数的多少排名次。

【游戏规则】

（1）颠传球必须在正方形传球区内进行，出边线的颠传球不计次数。

（2）不限制大腿颠球的次数，但至少必须颠球 1 次后才能传球，每次颠球后的传球才计次数，否则不计次数。

【游戏提示】

（1）根据游戏对象的实际情况，可适当地增加或缩短正方形的边长。

（2）根据学生的水平，可限制必须用大腿颠球 2 次后回传球。每组也可以直接对传球。

（3）如果学生水平较高，也可以在双方颠传球落地失误前，计算各组的颠传球次数，颠传球次数多的组获胜 1 次。

三、2 人连续颠传球

【游戏目的】

（1）提高学生的颠控球能力。

（2）提高学生颠球中的传球能力。

（3）提高学生的接控球技术水平。

【游戏准备】

（1）画线或用标志盘摆放长 4 米、宽 3 米的若干长方形场地，在距长方形两端线各 1 米处画 1 条与端线平行的线为传球区线。

（2）每两人一个足球。

【游戏方法】

（1）两人一组，分别站在传球区内，其中一人手持球。

（2）教师鸣哨后，持球学生抛球给同组的另一名学生，同组学生接球后，必须颠球 1 次以上再回传给抛球的同伴，抛球学生也用脚颠球 1 次以上后，再回传给同伴，2 人依次反复地用脚颠球后相互传球，球落地可捡起来继续颠传球。

（3）颠传球 2 分钟时教师鸣哨，统计各组颠传球的次数，次数最多的组获胜 1 次。

（4）反复进行，直到游戏结束，最后按获胜次数的多少排名。

【游戏规则】

（1）颠传球必须在长方形传球区内进行，出边线不计次数。

（2）不限制颠传球的部位和次数，但至少必须颠球 1 次后才能传球，否则不计次数。

（3）每次颠球后的传球才计次数，只颠球没传球不计次数。

【游戏提示】

根据学生的水平，可限制只用脚内侧颠球和传球，每组也可以直接对传球。

四、迎面颠球接力

【游戏目的】

（1）提高学生行进间颠要球的兴趣。

（2）提高学生行进间颠要球的技术能力。

（3）培养学生的团队精神。

【游戏准备】

（1）相距 20 米画线或用标志桶摆放两条长 10 米的平行线，其中一条为起点线，在两条平行线上，相隔 5 米画 1 个对称的颠球接力的起止点，共画两组对称的起止点。

（2）两个足球。

【游戏方法】

（1）8 名学生为 1 队，共甲乙两个队，每个队平均分成两个组，每组 4 名学生，面对面站在两条平行线上的 2 个相对称的颠球起止点后，甲乙各队的排头学生持球。

（2）教师鸣哨后，甲乙各队的第 1 名持球学生颠球到本队对面组颠球的起止点前，将球交给对面组的第 1 名学生，然后排到对面组的后面，对面组的第 1 名学生再颠球到对面组的颠球起止点前，将球交给对面组的第 2 名学生。如果途中颠球落地，可在球落地点捡起球来继续颠球。

（3）对面组的第 2 名学生颠球到对面组的起止点前，交给对面组的第 3 名学生。

（4）各队两组学生依次轮换颠球接力，直到每队 8 名学生全部做完 1 次颠球接力后，先到达终点的队获胜 1 次。

（5）依次反复颠球接力，直到游戏结束，最后按获胜次数排名。

【游戏规则】

（1）每个学生必须在两条平行线的起止点后接球，中途掉到地上后，必须回到掉球地点再颠球，否则算犯规。

（2）可用双脚或单脚脚背正面颠球，只能颠球走，不能跑。

【游戏提示】

（1）根据学生技术水平可不限制颠球走或跑，场地大小可适当调整。

（2）根据练习目的，可限制必须用双脚颠球接力或不限制颠球的部位。

第四节　射门类游戏

一、打靶

【游戏目的】

提高学生射门的准确性。

【游戏准备】

两个靶台，足球若干。

【游戏方法】

（1）在场地上画一条发球线，在距该线 10 ~ 12 米处放两个靶台。

（2）全体学生均分两队，依次向靶台发球，击中可得 1 分，最终得分多的队获胜（图 5-9）。

【游戏规则】

(1)发球按顺序进行。

(2)以球的第一落点击中的区域为准计分。

【游戏提示】

(1)根据学生的技术水平将原地踢定位球改为运球射门,以增加游戏难度。

(2)根据学生的技术水平适当改变限制线与足球墙间的距离。

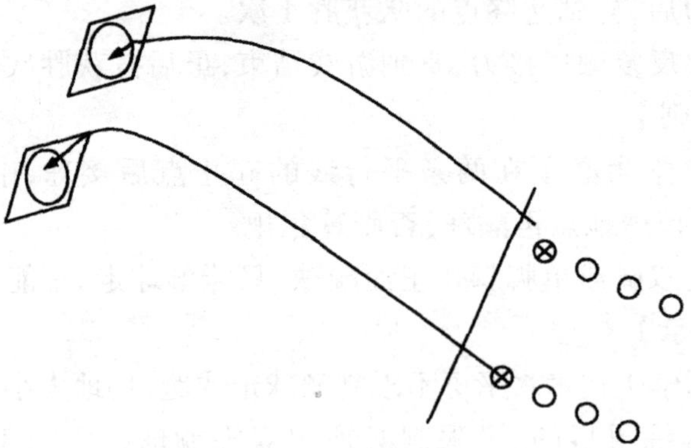

图 5-9 打靶

二、投雷

【游戏目的】

提高学生踢球技术的准确性和对射门落点的控制能力。

【游戏准备】

足球场地一块,足球若干个。

【游戏方法】

(1)在场地上画一个长方形区域,区域内放两个篮筐。

(2)全体学生分成人数相等的两队,站在标志线后准备踢球,踢球方法不限,球最终落入篮筐得 2 分,落到长方形区域得 1 分,落在长方形区域外不得分(图 5-10)。

(3)各队学生依次进行,最后得分多的队获胜。

【游戏规则】

(1)可随意调整两个篮筐在长方形区域内的位置。

（2）射门标准线应尽量远，但不要超出学生的能力范围。

【游戏提示】

（1）根据学生的技术水平，调整篮筐大小和位置。

（2）根据学生的技术水平，确定学生的发球线位置。

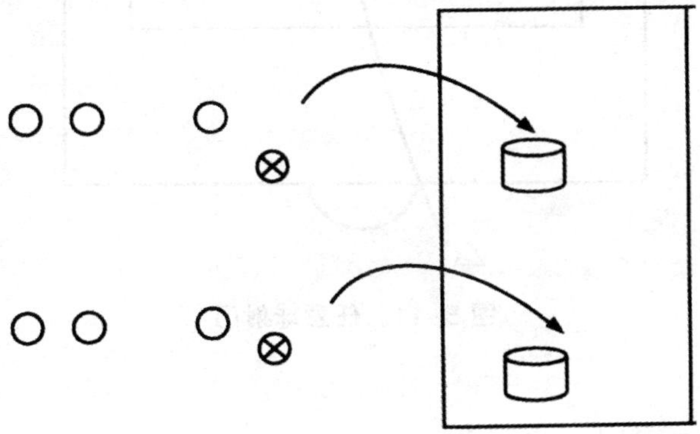

图 5-10 投雷

三、任意球射门

【游戏目的】

提高学生踢定位球射门的能力。

【游戏准备】

足球场地，足球 20 个，竹竿 2 根。

【游戏方法】

（1）所有学生均分为两队，设置球门，并设置不同分值区域。

（2）学生将球放在罚球区以外的任意点射门。射进不同分值区域得不同分值。最终得分高的队获胜（图 5-11）。

【游戏规则】

（1）不能连续两次触球。

（2）击球门柱弹进球门得 3 分。

（3）击球弹回场内可重新射门。

（4）击球弹出场外不得分。

【游戏提示】

（1）根据学生的技术水平，可设守门员。

（2）根据学生的技术水平，可限定射门技术方法。

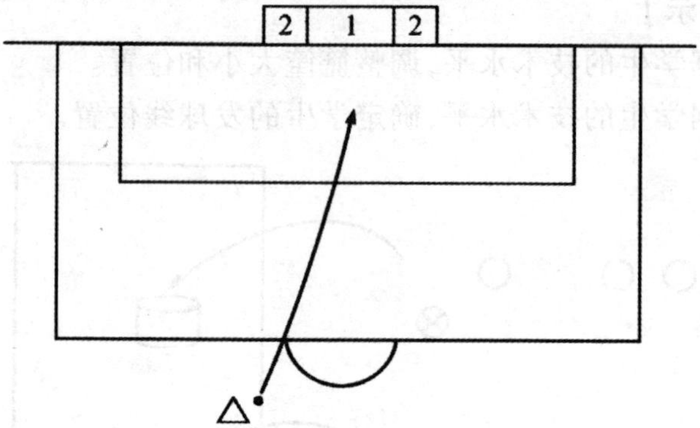

图 5-11　任意球射门

四、一对一射门

【游戏目的】

提高学生的射门技术水平。

【游戏准备】

足球场地一块，足球 1 个。

【游戏方法】

（1）所有学生均分为两队，每队一名守门员，其他学生站在罚球区外。

（2）游戏开始，对方守门员将球传出罚球区，进攻方得球伺机射门。

（3）射进球门得 1 分，没有射进球门不得分。

（4）游戏结束，得分高的队获胜（图 5-12）。

【游戏规则】

（1）球应准确传给射门者。

（2）守门员防守区域不限。

（3）进攻的学生也可以直接射门得分。

【游戏提示】

（1）根据学生的技术特点，可限定射门技术方法。

（2）强调运动安全。

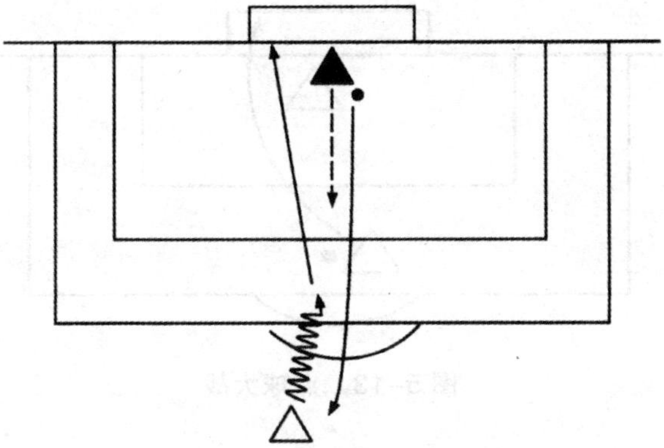

图 5-12　一对一射门

五、点球大战

【游戏目的】

提高学生罚点球的能力。

【游戏准备】

足球场地半块,足球 2 个。

【游戏方法】

如图 5-13 所示,将学生分为人数相等的两队,每队各派一名学生作为守门员。游戏开始后,所有学生站在罚球区外,由任一队开始罚球,每一轮罚球两队各出一名学生,进球得 1 分,不进球不得分。所有学生全部完成罚球后游戏结束,得分高的队获胜。

【游戏规则】

除罚球人数和顺序外,按照足球竞赛规则进行游戏。

【游戏提示】

教师应鼓励学生大声叫喊,制造紧张气氛,以锻炼学生的心理承受能力。

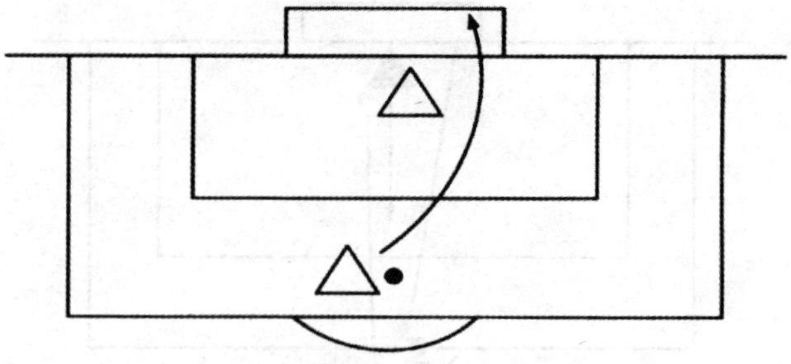

图 5-13　点球大战

第五节　守门员类游戏

一、炮轰守门员

【游戏目的】

提高守门员的扑救能力与反应能力。

【游戏准备】

一块标准的足球场地，底线上设置标准球门。禁区线放置多球。两名学生轮流射门，守门员扑救。

【游戏方法】

射门学生向前助跑，尽最大力量射向球门。守门员完成扑救动作的同时，另一名学生开始助跑准备射门。要给守门员足够的时间选位和准备。射完所有的球后游戏结束。

【游戏规则】

守门员每次救球成功得 1 分。射门者射入球门得 2 分。进行 5 轮比赛后，得分多者获胜。

【游戏提示】

效仿正式比赛，守门员的球衣要符合比赛标准，以免受伤。可以根据实际情况合理地调整射门的距离。

二、抓金块

【游戏目的】

提高守门员在对方突破情况下的封堵和扑救能力。

【游戏准备】

一块标准的足球场地,每名学生准备 1 个足球。

【游戏方法】

控球者在中圈内带球,守门员采用鱼跃扑救的方式去抢脚下球,抢到球后迅速返还球并继续游戏。守门员要力争抢到更多的球。

【游戏规则】

守门员每次抢到球得 1 分,每局中得分多的守门员为胜方。游戏进行 5 局。

【游戏提示】

(1)根据实际情况合理调整场区范围,带球学生要有一定的人数限制,避免发生碰撞。

(2)守门员鱼跃扑救球时争取抓住球而不脱手。

三、切断传球

【游戏目的】

提高守门员迅速倒地扑救各种球的能力。

【游戏准备】

一块标准的足球场地,场地内画一个长 25 米,宽 15 米的长方形区域。5 名学生持球站于场地周边,两名守门员在场地中间。

【游戏方法】

(1)传球者相互传球,传球必须沿着场地边线进行。

(2)两名守门员采用跃出扑救的方式断球。

(3)守门员在抢到球后,立即将球交给学生,继续进行游戏。

【游戏规则】

守门员每抢到球得 1 分,最终得分多者为胜方。

【游戏提示】

根据实际情况适当调整场区的范围。对于高水平的守门员而言，可以稍微扩大场区，反之则缩小一些。

四、看谁反应快

【游戏目的】

提高学生的反应速度和守门综合技术能力。

【游戏准备】

五人制足球场地一块，小球门 1 个，足球 5 个。

【游戏方法】

如图 5-14 所示，学生在五人制比赛场地中进行游戏。每轮游戏由一名学生充当守门员，剩下的学生负责射门。游戏开始前，守门员背对射门的学生，站在球门线上。射门的学生在点球点后排成一列纵队，轮流射门。游戏开始后，射门学生依次将球放在点球点上将球射向球门。射门的学生触球前必须大声呼喊守门员的名字，守门员迅速转身做出扑救动作。一轮游戏完成后，学生交换角色，继续游戏，直至所有学生都完成各个角色后结束游戏。

【游戏规则】

（1）射门的学生必须将球放在点球点上或点球点之后，不能越过点球点。

（2）射门的学生必须在射门前大声呼喊守门员的名字，否则视为没有进球。

（3）守门员在听到学生呼喊自己的名字时才可以转身，否则视为进球有效。

【游戏提示】

（1）此游戏需要的时间较长，每组人数不宜过多，学生人数多时，可进行分组游戏。

（2）教师应强调射门的学生不能大力将球射向守门员，要保护守门员的安全。

（3）教师可以根据学生的实际能力增加球门与罚球点的距离。

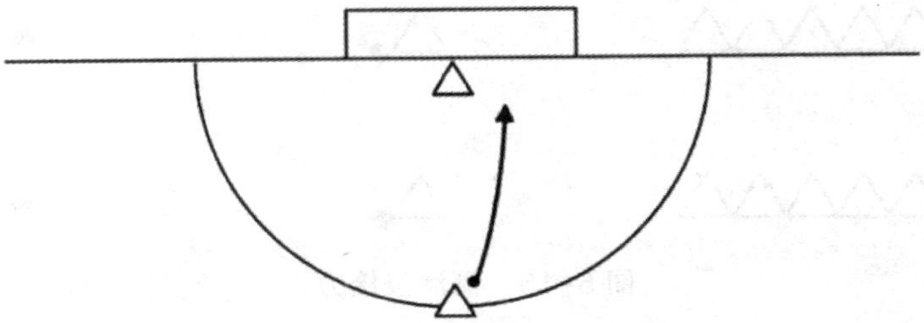

图 5-14　看谁反应快

五、侧滑步接力

【游戏目的】

提高学生侧滑步快速移动的能力。

【游戏准备】

足球场地半块，标志物 2 个，足球 2 个。

【游戏方法】

如图 5-15 所示，将学生分为人数相等的两队，排成两列纵队且间距 2 米。在两队正前方 10 米处，分别放置标志物一个。每队第一名学生手持足球一个，按照守门员的准备姿势，侧身站立。游戏开始后，两队的第一名学生迅速侧滑步向标志物移动，并绕过标志物返回起点将球交给同队下一名学生，下一名学生继续进行游戏。所有学生完成游戏后，游戏结束。先完成游戏的一队获胜。

【游戏规则】

（1）学生在游戏过程中，只能用侧滑步向前移动，否则被罚在原地停留 10 秒，然后继续进行游戏。

（2）参加游戏的学生不能在没有返回起点前就将球抛给下一名学生，必须用侧滑步返回起点后，再将球交给下一名学生。否则，该学生被罚在原地停留 10 秒，然后继续进行游戏。

【游戏提示】

教师可以将游戏内容改为交叉步技术移动，提高学生的交叉步移动能力。

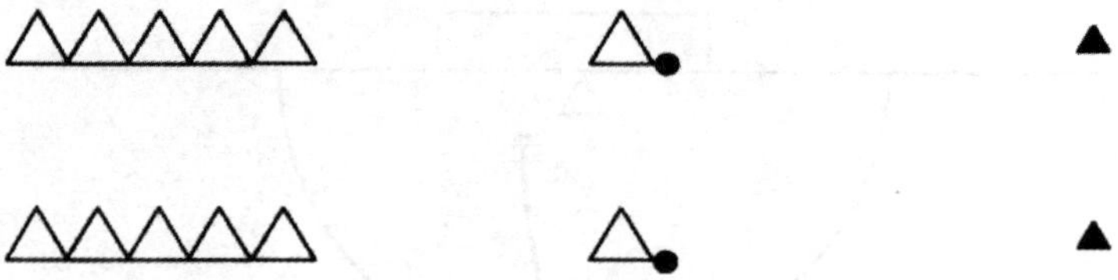

图 5-15 侧滑步接力

六、滚球赛跑

【游戏目的】

提高学生手部控球的能力。

【游戏准备】

足球场地半块,足球若干个。

【游戏方法】

如图 5-16 所示,画两条平行的直线,一条为起点线,一条为终点线,两条线间距 10 米。所有学生一人持一球,排成一列横队,站在起点线后。每名学生呈半蹲姿势,并用双手托住球的下部,使球向前滚动。当教师发出游戏开始的口令后,所有学生按照游戏要求的动作推拨球,向终点线跑动后再折返回起点线,先回到起点线的学生获胜。

【游戏规则】

(1)学生在推拨球的过程中,球不能离开手。

(2)最后回来的 3 名学生被罚做连续收腹跳 10 个。

【游戏提示】

此游戏对体力的要求较高,学生的推拨球距离不能过长。

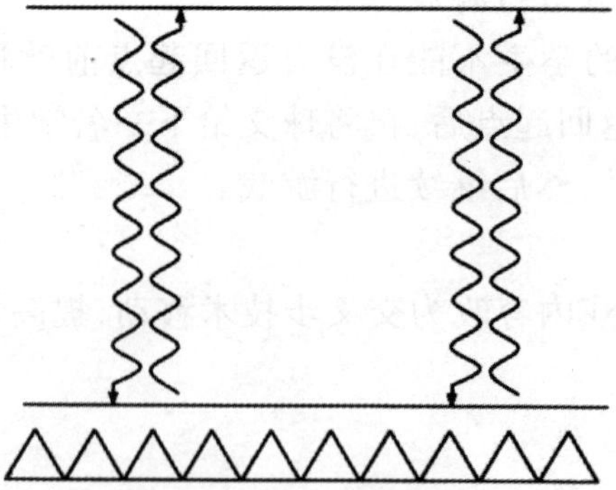

图 5-16 滚球赛跑

第六章

儿童足球游戏课程之其他游戏教学设计

足球游戏类型多样，形式丰富，内容多变，除了基础类游戏和技术类游戏外，还有综合性较强的战术游戏、活泼有趣的比赛游戏。本章重点就足球战术类游戏、足球比赛游戏的教学设计进行研究。事实上，不管是基础类游戏、技术类游戏还是战术类游戏，其中不乏带有比拼性质、决定胜负的比赛游戏，所以说这些类别的游戏和足球比赛游戏没有严格意义上的划分，但本章所分析的足球比赛游戏更具趣味性，更适合低龄儿童，或作为大龄儿童足球游戏教学中的热身游戏。

第一节　足球战术类游戏

在足球比赛中，为了战胜对手，运动员以实际情况为依据而采取的个人或者集体配合的方法和策略就是所谓的足球战术。儿童在足球教学中不仅要掌握足球技术，还要能够灵活应用技术，并做好配合。足球战术游戏的设计必须紧紧围绕儿童的身心特点及足球战术的特点进行。下面简要说明足球战术的几个特征，为足球教师设计足球战术游戏提供依据和参考。

第一，整体性特征。现代足球比赛竞争激烈，场上攻守形势瞬息万变，当一方队员在球场中路向球门方向运球进攻时，另一方队员作为防守方会展开积极的防守，而且防守极为严密，甚至让进攻方感到进退两难，但进攻者的队友也会在边路积极配合，掩护带球队员完成进攻与射门。不管是进攻方的进攻行动，还是防守方的防守行动，都是各个队伍整体配合完成的。足球运动是集体性对抗运动，不管是进攻方运用进攻战术，还是防守方运用防守战术，团队的配合都是保证战术顺利完成的前提条件，只有各队队员协同作战，才能提高战术运用的综合效果。足球运动员在比赛中运用攻守战术，都要以比赛需要为依据。现代足球运动发展水平不断提高，对战术配合提出了很高的要求，传统战术配合中的固定分工与套路已无法满足现实需要，而且消极被动防守的理念也明显落后了，现代竞技足球比赛要求参赛队伍整体联动、集体行动，积极主动实施防守战术，加强对对方的控制，尽快由防守方转为进攻方。高水平足球队在足球比赛中对战术的综合运用体现在各个场区的整体联动中，如前场配合的整体联动、中场配合的整体联动以及后场配合的整体联动等，这也是足球队确定阵型的基本准则，是优秀足球队取得竞争优势和获取胜利的关键。

第二，攻守兼备与平衡特征。足球运动员要在激烈的足球比赛中进球得分，就必须把握好每一次进攻的机会，并积极创造和争取进攻的机会。只有进攻次数多了,射门的机会才多,得分的可能性也就大了。但在进攻的同时,面对另一方的严防死守,进攻方也要积极采取进攻战术,否则有失球的风险。可见,在足球比赛中,进攻与防守是密不可分、形影不离的。足球战术具有攻守兼备和攻守平衡的特征,高水平足球队之所以水平高,是因为其不仅有强劲的进攻能力,也有良好的防守意识与技能,建立了严密而牢固的防守体系,如果一支球队一味进攻忽视防守,或一味被动防守不积极争夺球权,那么都不可能取得好的成绩。只有攻守兼备,保持攻守平衡状态,才能顺利完成比赛任务,展现队伍的高超技能和水平。攻守兼备的战术特征对足球运动员的进攻技能和防守技能均提出了很高的要求,不管是什么位置的球员,除了要完成好自己角色的职责外,还要在有需要的情况下积极进攻、严密防守,在场上灵活应变,发挥自己的技战术能力和创造力。

第三,简练准确性特征。足球比赛中,队友之间的配合很重要,足球运动员发挥自己的技战术能力,完成技战术行动计划,离不开队友的配合,球员每一次的传球和接球都是和队友密切合作、默契配合的表现,而能否对队友的位置做出准确判断,从而顺利完成传球或接球的技战术,将直接决定能否抓住射门得分的机会。足球战术是简练的,是能够被足球运动员正确理解与充分掌握的,足球战术同时也是准确的,是能够帮助足球运动员顺利完成每一次传接球技战术和配合行动的,过于复杂和繁琐的战术不易被理解和掌握,如果运用不当,将会使预期的战术行动目标落空,影响最后的成绩。

第四,方式多样性特征。足球战术阵型、战术方式和战术行动丰富多样,每支足球队都会从比赛需要、自身实际情况出发而设计具有针对性、实用性的战术,而且因为赛场形势千变万化,所以必须设计多种战术才能提高顺利应对突发事件的成功率,如果只有固定的战术形式和固定的队形,面对比赛场上的各种情况而不能灵活应变,及时调整战术,那么必将陷入被动局面。足球战术多种多样,足球运动员要形成自己的技战术特长,在比赛中尽可能运用自己擅长的战术,从而提高成功概率。

第五,灵活机动性特征。足球运动员在比赛中对战术的选用是以具体比赛形势和现实需要为依据的。足球比赛中会有一些突发情况,有些可以提前预测,而有些突发事件很难预测。当一方队员采取进攻战术时,之前已经预测了防守方会采取什么防守策略,但防守方很有可能不是按预测的那样采用战术，而是用别的战术来打乱攻方的套路，这时攻方也要随机应变，对进攻方式进行调整，否则很容易由主动变为被动，跟不上节奏，失去优势，造成难以挽救的局面。足球战术的运用是快速而善变的，运动员对战术的运用既要灵活，又要有创造性，以提高战术运用的效果。

了解足球战术的基本特征后，下面正式对足球战术类游戏教学组织与设计进行详细分析。

一、个人进攻和防守

【游戏目的】

培养与提高学生一对一攻守对抗能力。

【游戏准备】

平坦场地，若干标志物和足球。

【游戏方法】

在长 25 米，宽 10 米的长方形场地上练习，设置小球门，将标志物放在场地一端的底线上，两人一组，一人在球门一侧持球，另一人在对面底线处。

游戏开始，持球者给另一人斜传球，然后迅速向球门前方移动做好防守准备，底线处练习者接球后想方设法带球进入球门，这个过程中会遇到另一人的严密防守，如果防守者成功将球抢断，则互换位置继续练习。持球者成功带球进入球门得 1 分，得分多的练习者获胜。

【游戏规则】

（1）防守者在向进攻者接近时，速度要慢，要采用正确的防守姿势。

（2）进攻者要迅速带球突破防守。

【游戏提示】

对于低龄学生可以适当缩短场地的长度。

二、墙式二过一

【游戏目的】

促进学生防守技战术能力的提升。

【游戏准备】

平坦场地,足球。

【游戏方法】

3名学生在面积大小适宜的正方形区域进行游戏,其中进攻者2名,防守者1名。两名进攻者相互配合传接球,将控球权牢牢掌握好。刚开始持球队员给同伴传球,传球后向防守者背后快速跑进接同伴的回传球。在这个过程中,防守者积极抢断,5分钟后,防守者与其中一名进攻者互换位置和角色继续练习。

进攻者连续5次成功传球计1分,绕过防守者完成墙式二过一传球计2分。防守者迫使进攻者控球出界或成功抢断球则计2分。规定练习时间内得分多的练习者获胜。

【游戏规则】

严格按照时间规定进行游戏。

【游戏提示】

可以适当扩大场地范围,让进攻者有更多的时间做出决定和完成技术动作。

三、传球和接应

【游戏目的】

对学生的跑动接应能力、传接球能力进行培养。

【游戏准备】

平坦场地,足球。

【游戏方法】

在面积大小适宜的正方形区域练习,3人进攻,2人防守。进攻方相互传接球,牢牢掌握控球权,两名防守者积极防守,进攻方连续8次成功传球,得1分,防守方迫使对方传球出界或成功抢断球得1分。规定时间内分数高的组获胜。

【游戏规则】

进攻者必须不断地跑动来调整位置,为持球队员提供清楚的传球线路。

【游戏提示】

(1)可以对队员提出一些限制,以增加游戏的难度。例如,进攻者在接到球后，限制他只能接触 3 次，就必须把球传出。

（2）可以适当扩大场区的范围。

（3）在记分时，减少要求连续传球的数量。

四、一对一攻守

【游戏目的】

促进学生个人攻守技能的提升，使其将运球和掩护球的技巧熟练掌握好。

【游戏准备】

平坦场地，足球，小球门，若干标志物。

【游戏方法】

在面积大小适宜的正方形区域练习，安置一个小球门，将两个锥形旗子或其他标志物放在场地中间。

游戏开始，两名学生在各自的位置一攻一守，进攻者带球突破防守且成功穿过球门得 1 分，当进攻者控球失败、使球出界或被防守者抢断球时，攻守双方互换角色进行练习。每局 1 分钟，共进行 5 局游戏，得分多的练习者获胜。

【游戏规则】

进攻者在失去控球权后立即进行防守，防守成功后，要迅速进攻。

【游戏提示】

对于初级学生，可适当增加球门的宽度，并且将游戏的时间缩短到 30 秒钟 1 局。

五、四对二（加二）

【游戏目的】

提高学生运用小组战术的熟练度和效果。

【游戏准备】

平坦场地，旗子，足球。

【游戏方法】

在面积大小适宜的长方形区域练习，在场地两端底线用锥形旗子围成两个小球门。每次参与游戏的两组各有四名队员，一组为进攻组，另一组为防守组，防守组其中有两名队员在场地上防守，另外两名队员分别在底线的两个球门处担任守门员角色，进攻方将球射入任一个球门均算射门成功，可得分，场上的两名防守者如果成功将球抢断，则要先向负责守门的同伴传球，不可直接射门。最后射门次数多的队获胜。

【游戏规则】

进攻、防守和射门要符合技术要求。

【游戏提示】

（1）强调由防守转入进攻时的速度和变换控球权后转变任务的意识。

（2）对于水平较高的学生，可利用限制条件，如只能触球2次等，增加游戏的难度。

六、传球、带球或射门得分

【游戏目的】

提高学生合理运用个人攻守战术和配合集体攻守战术的能力，并培养良好的耐力素质。

【游戏准备】

平坦场地，旗子，足球。

【游戏方法】

在面积大小适宜的长方形区域练习，在场地两端底线放两个球门，在场地边路用旗子各设置一个小球门。参与游戏的两个队各有6名学生，各派5名学生在场地上进攻或防守，剩余学生各自在底线球门处担任守门员角色。持球组在场区中间开球，组织进攻，相互配合，目标是向对方球门成功射门，或带球突破防守穿过边路的模拟球门，达到这两个目标都可以得分，按正式比赛规则进行游戏。规定游戏时间，得分多的队获胜。

【游戏规则】

在整个场区内，使用一对一紧逼盯人战术。

【游戏提示】

注意安全，预防运动损伤。

七、控制球

【游戏目的】

对学生传球配合中的控球能力进行培养，使其合理使用个人与小组的攻守战术。

【游戏准备】

平坦场地，足球，球门。

【游戏方法】

在面积大小适宜的长方形区域练习，在场地两端底线放两个球门，参与游戏的两组各 5 名学生，各派 1 名学生担任守门员。持球组在场区中央开球，连续 10 次成功传球或向对方球门成功射门都可得分，第一种情况得 2 分，第二种情况得 1 分。防守方可通过断球、抢截球而摆脱被动局面。规定游戏时间，到规定时间后双方互换角色继续游戏，得分多的队获胜。

【游戏规则】

（1）规定只能在场地中央开球。

（2）防守方严格按规定动作防守。

【游戏提示】

（1）鼓励学生在组织进攻的时候要有耐心，同时要提醒他们寻找和发现最佳的射门时机。

（2）努力保持对球的控制，直到有机会向前推进和射门得分。

（3）对于技术能力较差的学生可扩大场区的范围；对于水平较高的学生可缩小场区的范围，并且要求使用一对一盯人战术，以及限制触球的次数。

第二节　趣味足球比赛

一、脚式保龄球

【游戏目的】

通过用脚踢球射击标志物，提高学生用脚各部位踢球的准确性。

【游戏准备】

装有水的塑料瓶；足球；分组背心。

【游戏方法】

根据人数把学生分成四组，每组学生持球站在击球线上，用脚踢球射击 4 米以外的装有水的塑料瓶。最后看哪一组完成得快，并且击倒的瓶子数量最多（图 6-1）。

【游戏规则】

在游戏过程中，每人只有一次机会，不能重复击球。

【游戏提示】

可以根据学生的实际能力调整学生与击球点的距离。

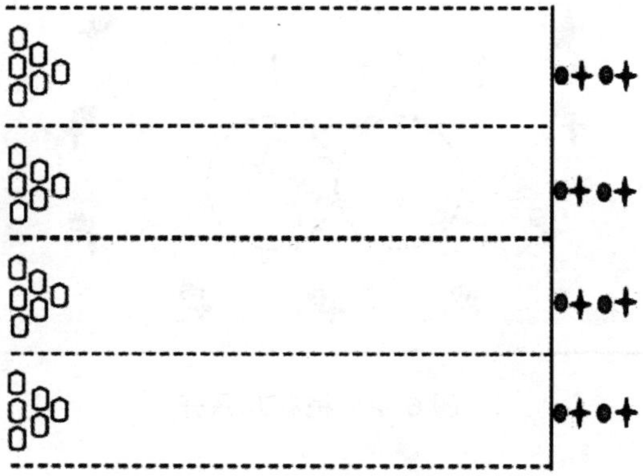

图 6-1　脚式保龄球

二、梅花几月开

【游戏目的】

提高学生运球、停球的球感、球性，培养应变能力。

【游戏准备】

梅花头饰；足球。

【游戏方法】

组织学生佩戴好梅花头饰，并画一个正方形场地，在场地里再画 3 ~ 5 个小圈。游戏开始时，教师让学生在正方形场地里自由运球，并带领学生一起念儿歌："梅花、梅花几月开，3 月不开 4 月开，4 月不开 5 月开……"可一直念到 12 月。

当教师说出几月开的时候，学生需迅速运球向场地中的小圈赶去，最后圈里的人数必须与教师最后说出的月份数相等。若圈里的人数多于或少于该月份数，则该圈内的学生退出游戏，剩下的学生则继续下一轮游戏（图 6-2）。

【游戏规则】

球和人必须同时在圈里，方为有效。

【游戏提示】

可根据学生的实际人数分组游戏，也可不分组。

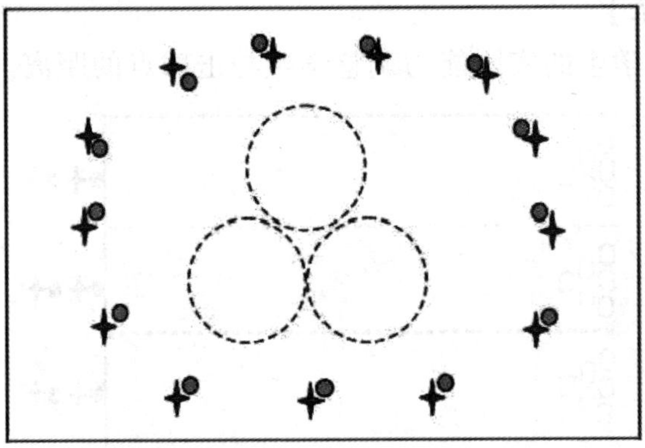

图 6-2 梅花几月开

三、捕鱼

【游戏目的】

培养学生变速变线跑的能力，提高身体的灵敏性。

【游戏准备】

足球六个；小鱼头饰；渔夫头饰。

【游戏方法】

教师把学生分成两组，然后在场地中画一个大圈。一组学生扮演渔夫站在大圈外，另一组学生扮演小鱼站在大圈里。当哨音响起时，圈外的渔夫可以利用脚的任意部位踢球射击圈里的小鱼，而圈里的小鱼则需要通过不停地跑动来躲闪渔夫的攻击。两组轮流扮演角色，最后看哪一组学生在规定时间内捕获的小鱼最多（图 6-3）。

【游戏规则】

被球击中的鱼需马上退出游戏，并到指定的鱼篋里。渔夫不能越线进入圈里捕鱼。

【游戏提示】

可根据游戏的需要，调整圈的大小和捕鱼的时间。

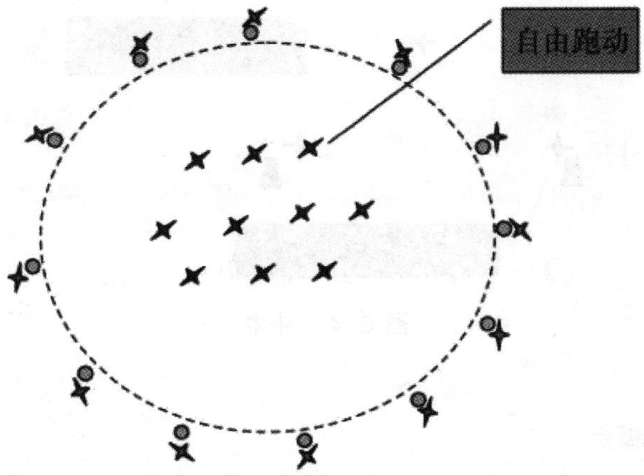

图 6-3　捕鱼

四、斗牛

【游戏目的】

增强学生范围内传接球和抢断球的意识和团队合作的意识。

【游戏准备】

足球；标志盘；小牛头饰。

【游戏方法】

根据人数用标志盘在场地摆放大小相同的正方形（4 米 ×4 米），组织学生进入场地，将学生分组，五人为一组，其中四人分别站到正方形的四个标志盘前进行传接球。最后一人佩戴小牛头饰站在正方形中间抢断球，若抢断成功，则与被断球的学生交换角色继续游戏。

【游戏规则】

游戏过程中无论是传接球的一方还是抢断球的一方，都只能用脚，不能用手，否则视为犯规，将被角色替换。传接球只能在规定的正方形区域内完成，若球被踢出规定的区域，则角色替换（图 6-4）。

【游戏提示】

教师做好讲解和示范，并可以亲自参与游戏中提醒学生，确保游戏顺利进行。根据学生掌握程度，适当增减传接球和抢断球的人数。

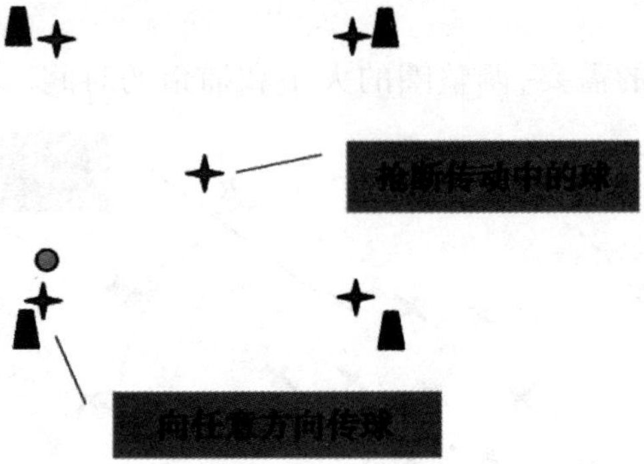

图 6–4　斗牛

五、头顶脚运

【游戏目的】

提高学生的运球技能，发展平衡能力。

【游戏准备】

分组背心；足球；标志桶；红旗；沙包。

【游戏方法】

画两条运球通道，在通道内摆放 4 ～ 5 个标志桶并插上红旗，相邻两桶间隔 5 米左右。将学生分成人数相等的两组，让其成纵队分别站至起点线。游戏开始后，两组排头的学生头顶沙包、脚底运球向前移动，绕过前面摆放的标志桶后带球返回起点处，将沙包放在下一名学生的头上。游戏依次进行，率先完成的小组即为获胜组（图 6–5）。

【游戏规则】

运球移动过程中不能用手扶住沙包。运球中若沙包掉落，须将沙包重新放在头上方可继续游戏。

【游戏提示】

可根据学生的实际情况，合理选择头上顶的东西。

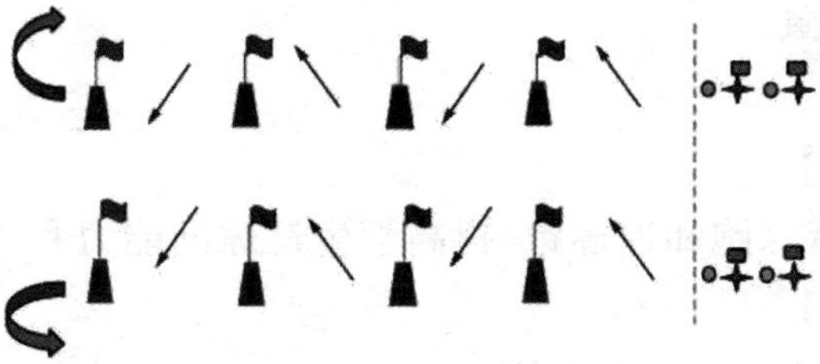

图 6-5　头顶脚运

六、停球高手

【游戏目的】

练习用脚停住反弹回来的足球，提高学生瞬间停球的反应能力。

【游戏准备】

足球墙；足球。

【游戏方法】

在足球墙前分别画距离足球墙 3 米、4 米、5 米的 3 条线，学生根据自己的能力选择相应的距离。学生站在选定的线上用脚踢球撞击足球墙，并迅速接住撞击足球墙后反弹回来的小足球，每接住一次可获得一个贴花。最后看谁在规定的时间内获得的贴花最多（图 6-6）。

【游戏规则】

每人每次游戏的时间为一分钟。

【游戏提示】

可以分组进行比赛，根据情况限定时间。

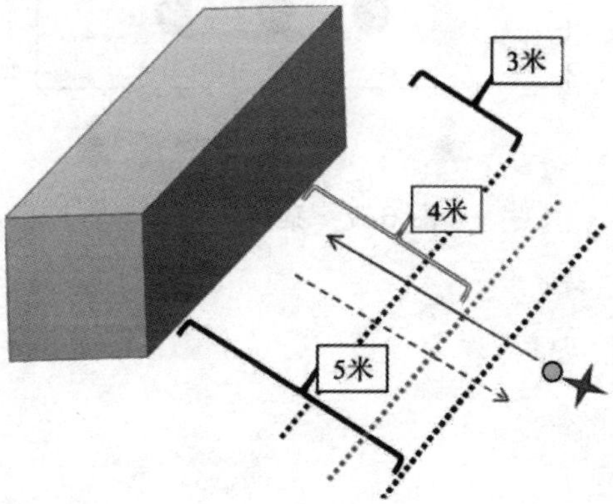

图 6-6　停球高手

七、猫捉老鼠

【游戏目的】
通过快速运球跑和追逐跑，提高学生运球的能力和身体的灵敏性。
【游戏准备】
足球；小猫头饰；老鼠头饰。
【游戏方法】
在场地中画设一个大小适中的长方形并放置适量的小足球。教师通过讲解故事将学生带入游戏情境中。游戏开始时，扮演猫的学生站在长方形中守卫自己的粮食（小足球），而长方形外扮演小老鼠的学生需要趁猫不注意的时候进入长方形偷走粮食（跑进长方形，迅速用脚运球逃跑出长方形），猫要尽可能地保卫自己的粮食并逮捕小老鼠（图 6–7）。
【游戏规则】
“小老鼠”在“偷粮”时只能采用脚部运球的方式将球带出正方形，不能用手。猫的活动范围仅限于正方形内。
【游戏提示】
可适当增加猫或老鼠的数量，以增加游戏难度。

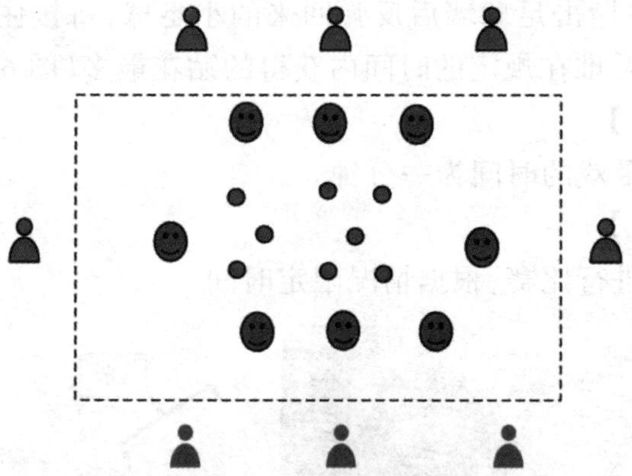

图 6–7　猫捉老鼠

八、接力射门

【游戏目的】
提高学生脚部直线运球的能力，增强团队合作的意识。

【游戏准备】

足球；标志盘；标志杆。

【游戏方法】

画两条30米长的运球通道，在通道中从起点开始每相隔3米摆放一个标志盘，最后在通道的终点处用标志杆摆放一个没有横梁的简易球门。教师将学生分组，每组10人进行比赛。每组学生分别站到通道中标志盘的位置进行运球接力比赛。游戏开始时，起点处的第一名学生运球至第二名学生处，第二名学生接球后迅速运球至第三名学生处，依次类推，最后一名学生接球后需运球穿过简易门才算到达终点。最后看哪一组学生完成得又快又好（图6-8）。

【游戏规则】

运球时不能超出通道两边画的白线。游戏中不能使用脚部以外的部位运球。

【游戏提示】

游戏可反复进行。学生如能熟练掌握，可在运球的线路上摆放一些障碍物以增加难度。

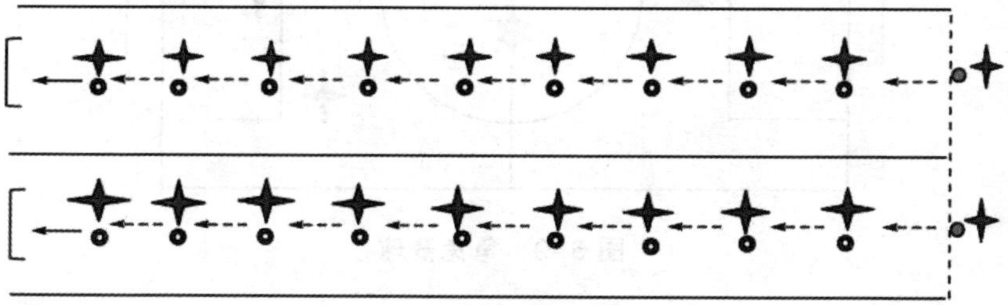

图 6-8　接力射门

九、龟兔赛球

【游戏目的】

尝试简单的足球比赛，培养学生的团队意识和积极进取的拼搏精神。

【游戏准备】

足球；乌龟头饰；小兔头饰；球门。

【游戏方法】

将学生分成两组,5 人一组,两组学生分别扮演小乌龟和小兔子。教师通过讲解故事将学生带入游戏情境中。小乌龟和小兔子在场地中相对而站,场地两端各设一个球门。游戏开始时,教师从场外掷球,两组学生迅速争夺球的控制权,并运用传球、运球等方式将球推到对方球门区域,并最终将球射入球门内,每射进一次便得 1 分(图 6-9)。

【游戏规则】

游戏分上下半场,各 5 分钟,中场休息 3 分钟。进球最多的一组即为获胜组。

【游戏提示】

教师在担任裁判的同时,要适当引导学生进行比赛。必须为参加游戏的学生佩戴好相应的护具,以保证其安全。

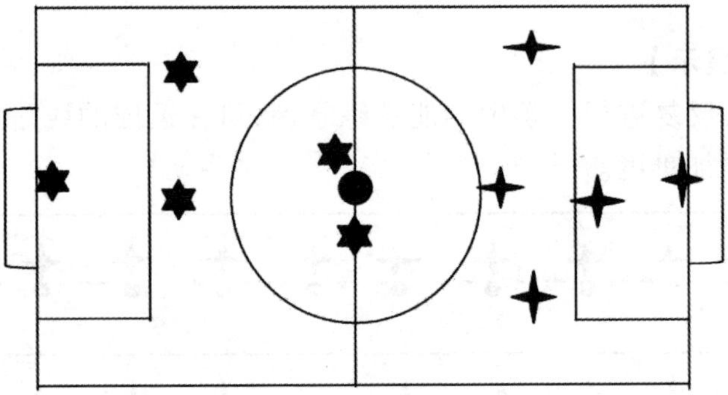

图 6-9 龟兔赛球

十、闯关

【游戏目的】

提高学生踢球的准确性。

【游戏准备】

足球;球门;标志杆;标志桶。

【游戏方法】

闯关游戏一共分为 3 个关口,在每个关口都放上足够多的小足球。第一关,在距离球门 3 米远的地方射门;第二关,用脚内侧推球,连续穿过标志杆摆放的 6 个小球门;第三关,在距离球门 3 米远的地方用标志桶摆放一排障碍物，学生需将球踢起让其从障碍物上方穿过并进入球门（图 6-10）。

【游戏规则】

学生在每一关只有两次机会，每通过一关即获得相应的贴花，最后以获得的贴花数目计算分数。

【游戏提示】

可根据游戏的实际人数进行场地布置，一般为 15 个人共用一个游戏场地。可让学生分组比赛，在规定的时间内取得的贴花最多的组即为获胜组。

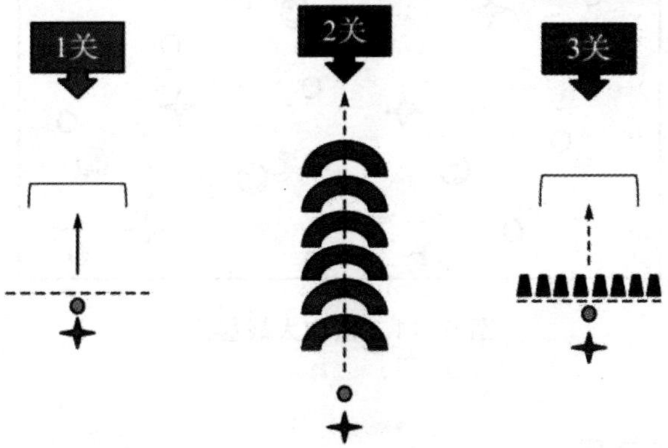

图 6-10　闯关

十一、植物大战僵尸

【游戏目的】

多人四处追逐跑，培养学生的团队合作意识。

【游戏准备】

僵尸头饰；各种植物头饰；软式足球。

【游戏方法】

学生在画好的长方形区域内四处跑，扮演僵尸的小朋友去抓扮演植物（西瓜、玉米、豌豆、土豆等）的小朋友。扮演植物的小朋友在逃跑的过程中可以跑到摆放有小足球炮弹的区域，用脚的任意部位踢球攻击僵尸（图 6-11）。

【游戏规则】

被僵尸抓到的植物或被小足球炮弹击中的僵尸应立即退出游戏区域；游戏区域里的小足球炮弹只允许扮演植物的小朋友触碰。

【游戏提示】

游戏中要提醒学生注意避让他人，避免跑动中发生碰撞。

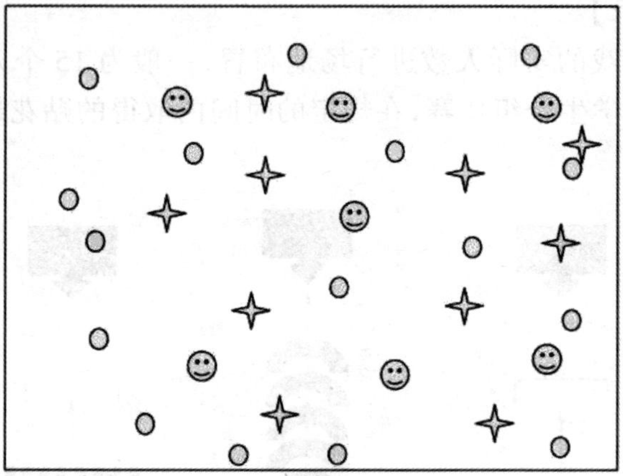

图 6-11　植物大战僵尸

十二、丛林寻宝

【游戏目的】

提高学生快速运球和停球的能力，感受足球游戏带来的快乐。

【游戏准备】

小树障碍物；足球；藏宝箱两个；宝物。

【游戏方法】

在球场画两条森林通道，在通道中无规律地摆放 5 个或 6 个小树障碍物，并放置一个藏宝箱在森林通道的尽头。将学生分为人数相等的两组进行比赛，学生每人持球排列在起点。当游戏开始时，每组第一名学生迅速运球进入通道，并绕过所有小树障碍物到达藏宝箱所在地取走宝物，继续运球至指定的地点等候。游戏依次进行，最后看哪一组在规定的时间内取得的宝物最多(图 6-12)。

【游戏规则】

寻宝过程中，学生必须运球绕过所有障碍物后取得宝物才算完成任务。

【游戏提示】

游戏过程中,教师要控制学生之间的距离。

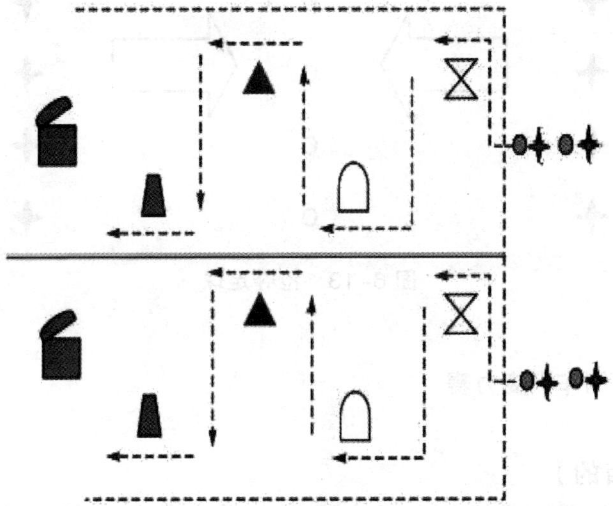

图 6-12　丛林寻宝

十三、抢夺足球

【游戏目的】

尝试加速奔跑,与同伴对抗抢球。

【游戏准备】

足球。

【游戏方法】

学生分为两组,分别排成一排,两排面对面站立。听从教师的口令,相对的两名学生抢夺中间的小足球,最先接触到小足球的学生获胜。

【游戏规则】

学生快速跑到球的位置后只能用脚抢球、触球。

【游戏提示】

为提高学生的兴趣,教师可先发出“我的鼻子在哪里?”“我的眼睛在哪里?”等口令,让学生摸到身体相应的部位,然后再发出“开始抢球”的口令,学生听到该口令后开始抢球。抢球最多的一组为获胜组(图

6–13）。

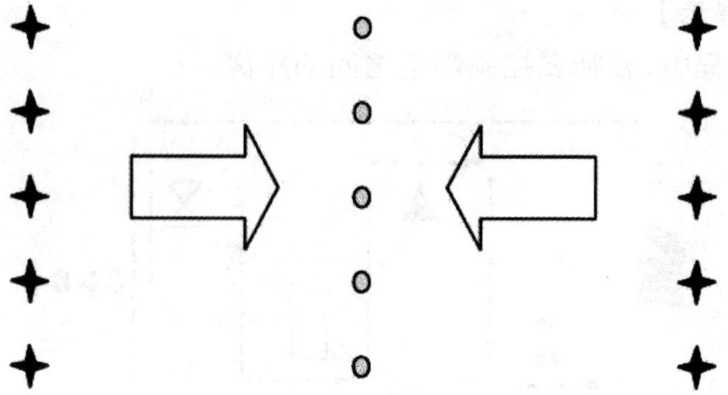

图 6–13　抢夺足球

十四、"倒车"接力赛

【游戏目的】

在指定的跑道中进行向后拖拉球比赛，提高学生控球的能力，体验竞赛的乐趣。

【游戏准备】

画四条运球通道；足球。

【游戏方法】

将学生分成人数相等的四组进行接力比赛。学生分别站在通道的两侧准备。教师指定每组右边第一位组员持球。当哨音响起时，持球的组员左右脚迅速交替向后拖拉球，运至左边终点后交给本组组员，该组员接球后左右脚交替向后拖拉球，运至右边终点后交给本组组员，依次交替进行。最后看哪一组完成得又快又好（图 6–14）。

【游戏规则】

运球的组员必须在规定的范围内向后拖拉球。接力的队员必须在起点线外接球后方可继续比赛。

【游戏提示】

可以让每一组最后一名接力的组员穿上号码背心，以便确定名次。

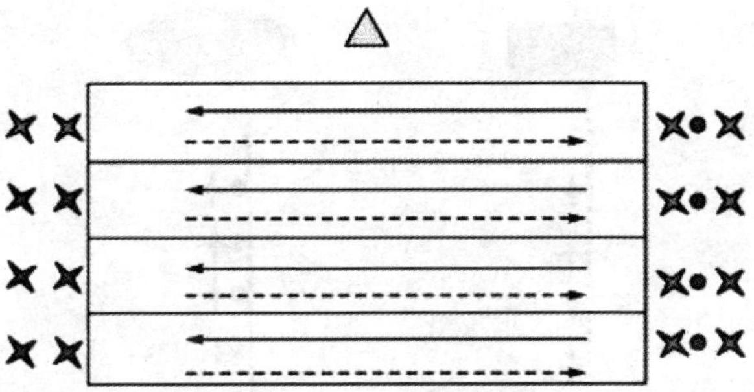

图 6-14 “倒车”接力赛

十五、穿越防线

【游戏目的】

提高学生带球和断球的能力，发展身体的灵敏和协调性。

【游戏准备】

足球；分组背心。

【游戏方法】

根据人数把学生分成两队，两队队员相对而立。先指派一队站在画好的防线上，作为防守的一方；另一队作为进攻的一方，进攻队员持球站在画好的进攻线上等待开始进攻的信号。游戏开始，进攻一方带球通过防守一方所在的防线，且必须要在防线的范围内通过。进攻一方如球被防守一方抢断，则退出游戏，之后两队互换角色继续游戏，通过防线人数多的一队获胜（图 6-15）。

【游戏规则】

进攻者听到信号后才可进攻，且只能在防线范围内进攻。

【游戏提示】

可根据人数分小组进行，没有上场的队员可作为比赛监督者。根据游戏中学生的比赛效果，调整防线与进攻线间的距离。

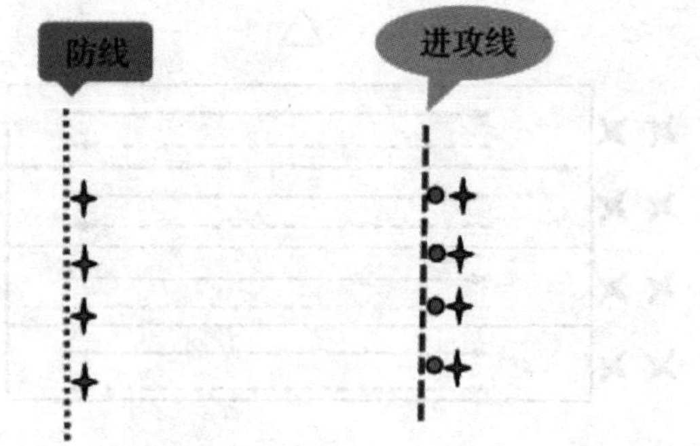

图 6-15　穿越防线

十六、赶绵羊

【游戏目的】

提高学生对球性的感知能力，发展身体的协调性和平衡性。

【游戏准备】

足球；球筐。

【游戏方法】

将学生分成 4 组。游戏开始时，每组第一位组员持球沿规定的路线用手抛脚颠的方式行进至终点处，绕过标志物以后用相同的方式沿原路线返回至起点处，将球交给本组的下一位组员。游戏依次进行，看哪一组赶羊的速度最快（图 6-16）。

【游戏规则】

游戏过程中可以用手辅助颠球，但是球在地上滚动距离不能超过 2 米，否则视为犯规。

【游戏提示】

可根据学生的实际情况，适当调整起点到终点的距离。

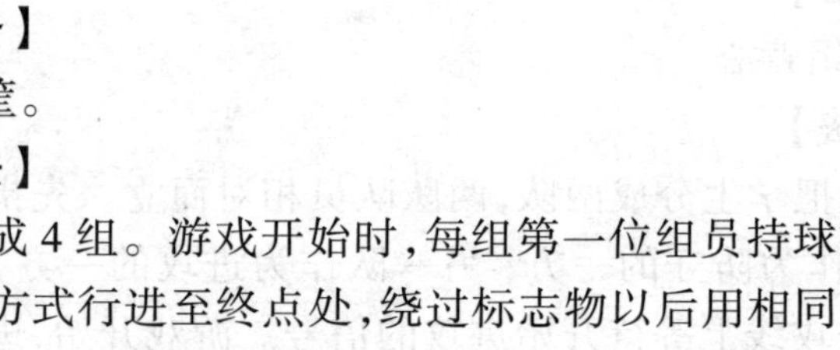

图 6-16　赶绵羊

十七、抢圈圈

【游戏目的】

培养学生的反应能力以及动作衔接的灵敏性。

【游戏准备】

藤圈；足球。

【游戏方法】

在场地中先画一个大圈，然后在大圈里放置藤圈，藤圈的数量比参与的人数少一个（如：参与人数为 10 个，那么就放置 9 个藤圈）。教师组织学生沿着大圈轨迹持球站好，彼此间隔 1.5 米左右。当比赛的第一声哨音响起时，学生带球沿大圈移动起来；当听见第二声哨音时，学生须迅速带球进入大圈并抢占里边的藤圈；没有抢到的学生则退出比赛（图 6–17）。

【游戏规则】

在第二声哨音响起前学生不得提前带球进入大圈。若学生已经站在藤圈内，则表示此藤圈已经被抢占，其他学生不能再去抢占。

【游戏提示】

可根据学生的具体情况，适当减少藤圈的数量，以增加难度。

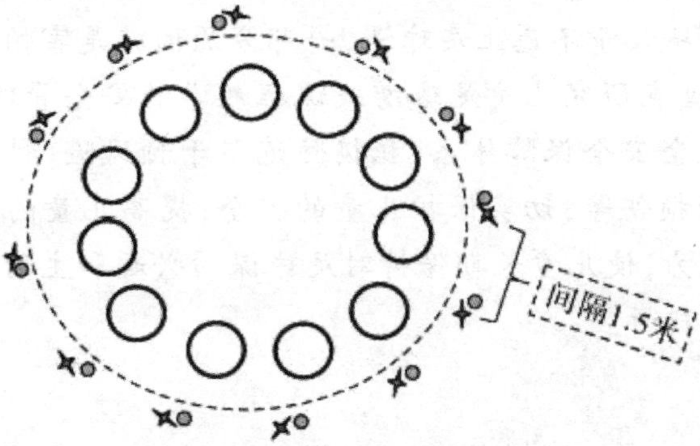

图 6–17 抢圈圈

第七章

儿童足球游戏课程教学的安全管理

足球运动是一项对抗性运动，因而在足球运动过程中不可避免地存在一些风险因素，如果不能及时发现风险，进行有效干预，则容易造成一些安全问题。足球游戏课虽然充满趣味，对抗不像正式足球比赛那样激烈，但是它毕竟属于体育类游戏，或多或少具有一定的对抗性、危险性，也容易发生一些运动损伤。有些儿童不愿上足球课，一部分原因就是害怕受伤。对此，本章重点研究儿童足球游戏课程教学的安全管理，希望通过建立健全安全保障体系，积极防范与干预风险，科学预防与处理运动损伤等，切实保护儿童的安全，提高儿童的自我保护意识与能力，使儿童长期保持对足球课的兴趣和主动参与足球运动的积极性。

第一节　校园足球运动风险与防范

一、校园足球运动风险的特点

（一）发生场所的广泛性

校园足球的开展形式很丰富，既有校园足球教学课、校园足球训练和校园足球比赛，也有学生在课余时间自发组织的足球活动，而且学生踢足球也不是只在球场上或操场上进行，有时会将一些过道、走廊作为运动场地。所以说，校园足球运动风险发生的场所既有操场、球场，也有其他场地。而且在狭小的、不平坦的场地踢球，风险更大。

（二）伤害事故的复杂性

校园足球运动风险具有复杂性，主要从以下几个方面体现出来。

第一，伤害事故发生的时间不确定，空间不固定，可能发生在足球课上，发生在学校足球场上，也可能发生在其他时间和其他地方。因为校园足球活动有着诸多表现形式，从而在时空上增加了伤害事故发生的不确定性，造成了伤害事故的复杂性。

第二，造成校园足球伤害事故发生的原因是多方面的，主要包括学生自身因素、教师因素、学校因素，此外还有天气等自然因素。这说明了伤害事故的成因是复杂的。

第三，伤害事故责任认定较为复杂，有时一种足球伤害事故的发生是多种原因共同影响的结果，很难明确说明是哪一方的责任，但可以根据情况判断主要责任和次要责任。

(三)伤害事故发生的突然性

校园足球活动开展中,许多伤害事故的发生是比较突然的,造成伤害事故的原因中不乏一些偶然因素。作为一项非周期性体育运动,足球的技术动作或动作顺序都没有固定性可言,学生在球场上踢球时要根据实际需要和客观环境而灵活应变,灵活组合应用各个足球技术。但有些学生的技术水平相对较低,对各项足球技术还不能合理、灵活地应用,再加上内心争强好胜,有时会出现违背规则的情况,因而在各种因素的影响下,很有可能造成突发性的伤害事故。

(四)运动伤害的规律性

运动损伤的发生具有一定的规律和特点,根据运动项目的特征能够了解哪些部位容易受伤,并从中总结相应的规律。从足球项目的运动特征来看,学生在校园足球活动中容易受伤的部位是膝关节、踝关节、大腿和小腿等。因为青少年学生骨骼成分中以有机物为主,骨骼硬度还达不到成人那样的硬度,再加上他们力量有限,所以在足球活动中发生运动伤害时以扭伤、擦伤比较多见,较为严重的运动伤害如骨折等比较少见。

二、校园足球运动风险监控

校园足球运动风险具有广泛性、复杂性、突然性,一旦发生风险事故,会对学生造成身心损害,也可能给学校造成诸多损失,因而必须做好风险监控工作,提高风险决策水平与风险管理效果。

(一)建立风险预警系统

在开展校园足球活动的过程中,对专门的监控组织或岗位进行设置,根据相关规定将校园足球风险检查情况定期公示出来,并说明公示内容。在风险检查中要及时干预已识别的风险,同时也要注重检查和预测可能存在的风险,若有相关预兆,要即刻发出信号以示警报,将风险扼杀在摇篮里,杜绝一切发生的可能。建立风险预警系统最典型的工作就是定期组织学生体检，及时发现学生的健康问题，根据学生的体检结果决定其是否可以参加足球活动，防患于未然。

(二)制订风险应急计划

风险应急计划是校园足球风险监控体系中不可缺少的一部分，使风险发生后的损失得到最大程度的降低是制订该计划的主要目的。学校要根据本校实际情况制订风险应急计划，风险处置预案要根据风险的类型而有所区别，体现针对性，善于调用一切可利用的资源去应对风险，将学生的损失、学校的损失及其他相关主体的损失都降到最低。

(三)确定风险监控时机

风险监控时机必须是合理的，合理具体体现在经济可行、能起到规避风险的作用等方面。学校不需要时时刻刻都处于风险监控的状态中，否则会付出很大的代价，而且这也是不现实的。风险监控只要找准时机即可，比如课前了解学生的身体情况，检查场地器材是否安全等，以防为主，而不要抱着亡羊补牢的侥幸心理。

(四)健全监督检查机制

学校根据自身条件成立校园足球安全的监督检查机构，以实地检查为主，加强对各类足球活动的科学指导、安全指导，并时常听取足球教师、学生的反馈和意见，以便更好地落实校园足球的各项政策法规。在实地检查与指导中若发现安全隐患，即刻要求有关部门整改，并监督整改情况，这样才更有利于达成风险监控的目标。

三、校园足球运动风险的全面防范

校园足球运动风险的影响因素主要包括学生因素、学校因素、教师因素和其他一些因素，因此在风险防范中也应该从这几个层面的影响因素着手去控制风险，具体分析如下。

(一)学生层面的防范

学生层面的防范主要包括以下几个方面。

第一,青少年学生缺乏风险意识,有些学生在足球课上态度不端正,行为不积极,这些潜在因素都有可能造成运动风险。对此,在校园足球教学、训练、比赛等各种活动的组织中,要强调学生应树立安全意识和自我保护意识,使其对足球活动中的危险做到心中有数。

第二,学生上足球课要穿合乎规定的运动服和运动鞋,不要将一些尖锐的东西带在身上。在上足球课前做好身心准备。

第三,学生在课上要遵守课堂纪律,禁止追逐打闹。在对抗性的足球游戏中不要故意碰撞对方。

第四,学生在课上若感到身体不适,及时汇报并暂停运动,不要强撑或勉强自己做力不能及的动作。

第五,学生平时要加强体能锻炼,抓住身体素质发展的敏感期,提高自己的体能水平,这样既能为参加对抗激烈的足球运动打好身体基础,又能预防受伤。

(二)学校层面的防范

学校层面的防范主要包括以下几个方面。

第一,学校应大力建设标准规范的足球场地,购置合格的足球器材,对运动场地布局加以规范,并做好对硬件设施的定期检查工作,从而为校园足球活动的顺利开展提供良好的环境与条件。

第二,学校要建立健全运动风险管理制度,加强体育教学的安全管理,使足球活动中风险发生的概率降低。为减少风险发生后的损失,还要根据条件配备专业的医疗队伍,及时提供医疗救护。

第三,面向教师建立风险管理培训和安全教育培训机制,促进足球教师风险识别能力、风险控制能力及安全教育能力的提升。

第四,学校向学生家长普及运动安全常识,促进家长运动风险防范意识的提升,发挥家庭安全教育的作用,时刻对学生进行运动安全教育。

（三）教师层面的防范

教师层面的防范主要包括以下几个方面。

第一，足球教师要自觉提升自己的风险防范与应对能力，认识到运动风险管理是体育教师的本职所在。

第二，足球教师要在课前完成对足球场地器材的检查工作，及时发现安全隐患并进行相应处理。

第三，足球教师在课堂上要检查学生的着装是否规范，是否携带尖锐物品，时刻为学生的安全负责。

第四，足球教师要不断提高自己的教学素养和足球专业素养，并能将安全教育、安全管理贯穿于教学始终，能够指导学生以正确的方式踢球，通过精练的讲解与正确的示范使学生掌握正确的足球技术，并使学生在足球训练与比赛中能够以合理的、安全的方式去运用各项足球技术，这样才能使校园足球比赛既精彩，又安全。

（四）其他层面的防范

在校园足球运动发展中，为了更好地控制运动风险，提高风险防范效果，除了需要学生、学校和教师从自身层面不断努力外，还需要采取一些其他的防范措施，也就是要做好其他层面的防范。因为校园足球运动风险的成因是复杂的，影响因素来自多个方面，所以只有全面防范，才能保证校园足球安全管理取得明显成效。下面简单列举其他层面可采取的一些防范措施，为校园足球运动风险防控提供参考。

1. 提高保险意识

保险往往是在发生风险后才起作用的。保险的好处常常被人忽视，很多人对保险缺乏正确的认知，殊不知这是风险转移的关键。所以，在校园足球运动风险防范与管理中，要提升相关人员的足球保险认知能力，加强相应的宣传和普及工作，使学生、学校的参保意识都能有所提升。

2. 完善保险服务

我国校园足球活动形式多样，内容丰富，伴随着各种足球活动的开展，足球运动风险发生的概率也不断增加。现阶段，我国已出台了一些与校园足球有关的保险政策与文件，但还在探索阶段，存在诸多不成熟的地方，要推行这些政策也是困难重重。现有的与体育运动有关的保险还比较单一，应在此基础上加强对运动伤害险的开发与推行，积极鼓励学生参保，使学生在校内外参加足球运动的安全都能有所保障。

此外，除了要面向校园足球的直接参与者——学生来开发与推行相应的险种外，还要为其他相关人员配备合适的险种，如家长人身险、教师责任险等。不仅如此，学校自身也要不断建设相关足球保险体制，注重对第三方运动伤害鉴定和调节机制的建立，从而进一步保障校园足球运动的健康与可持续发展。

3. 发行足球运动风险彩票

发行健康彩票，如足球运动风险彩票也是一项可采纳的防范措施。如学校在开学之初统一发行这类彩票，校园足球相关参与者可自愿购买，期末将中奖名单公之于众，所得彩金大部分用来赔偿校园足球伤害事故的当事人，其余部分用于奖金发放。发行这类彩票，为防止贪污腐败现象的出现，为了更合理地利用资金，有必要成立监督机构。

4. 设立互助金

设立公益性质的互助金，这主要由第三方机构组织完成，社会力量可根据自身情况积极参与其中。建立互助金主要是为了资助在校园足球运动中发生运动伤害事故的当事人，在校学生都能平等享受这类资金，可以由专门的监督机构监督资金的去向。

四、校园足球运动风险的应对策略

由于校园足球运动风险主要来源于三方面，即学校、教师与学生，因此下面着重从这三个方面简要说明校园足球运动风险的应对策略与方法。

（一）学生风险的应对

校园足球运动中学生风险的类型及应对见表 7-1。

表 7-1　学生风险的应对策略与方法[①]

风险类型	应对策略	应对方法
学生自身能力或状况风险	风险控制	在自身能够接受的范围内活动
	风险转移	购买人身保险
	风险回避	1. 有特异体质或特定疾病的学生避免参加足球活动 2. 学生对自身能力进行改善
学生足球知识风险	风险控制	学习足球基本知识与运动损伤相关知识
学生纪律风险	风险控制	加强组织纪律教育
	风险转移	购买人身保险
学生心理风险	风险控制	对学生的心理素质进行改善，提高其心理素质水平
学生行为风险	程序法	健全学生管理制度
	风险控制	加强安全教育，对学生的行为进行监督和引导
	风险转移	购买人身保险

（二）学校风险的应对

校园足球运动中学校风险的类型及应对见表 7-2。

表 7-2　学校风险的应对策略与方法

风险类型	应对策略	应对方法
医务监督风险	程序法	对学校的卫生保健制度与突发事故处理制度进行完善
	风险控制	1. 定期检查学生体质 2. 配置对足球运动伤害事故进行专门处理的医疗人员 3. 与体育部门保持联系，对于有特异体质或特定疾病不能参加足球运动的学生，及时告知体育部门

① 刘红．高校体育风险管理研究[M]．北京：北京体育大学出版社，2012．

续表

风险类型	应对策略	应对方法
学校管理风险	程序法	对风险管理计划进行制订，对各种规章制度加以完善
	风险转移	购买校方责任险
	风险控制	1. 定期对足球教师与学生进行全面培训 2. 宣传安全知识 3. 及时解决风险问题，降低风险带来的损失
场地设施器材风险	程序法	1. 完善足球场地设施管理制度 2. 合理安排足球场地开放时间
	风险转移	购买体育财产保险
	风险控制	1. 购买与国家安全及卫生标准相符的足球器材 2. 对足球场地器材进行定期检查 3. 及时维修或更换损坏、失效的器材 4. 配备专业救护人员

（三）教师风险的应对

校园足球运动中教师风险的类型及应对见表 7-3。

表 7-3　教师风险的应对策略与方法

风险类型	应对策略	应对方法
教师教学能力风险	风险回避	聘用其他教师
	风险控制	加强师资队伍建设，对教师配置进行优化
教师教学作风风险	程序法	完善教师教学常规与管理制度
	风险回避	聘用其他教师
	风险控制	1. 分析教师作风与思想方面的问题，针对问题出现的原因有效制定解决措施 2. 教师自身加强学习，养成良好的生活与工作习惯

第二节　构建校园足球安全保障体系

一、构建基础设施保障体系

开展丰富多彩的校园足球活动,需要加强足球场地设施建设,营造良好的物质环境,提供充足的物质条件,从而为顺利开展足球活动提供基础保障。因而,在校园足球安全保障体系构建中,首先要构建校园足球基础设施保障体系。

(一)合理配备器材设施

1.数量合理

学校在足球器材设施的配备中,要以学生的数量、校园足球活动的内容等为依据而进行,争取配备的器材设施可以满足各种校园足球活动开展的需要。参与足球活动的学生的数量不同,对相关器材的需求量也就不同,比如,足球技术课堂教学所需的足球比校园足球比赛所需的足球要多。如果足球技术教学中足球数量少,有些学生接触足球的机会就得不到保障,从而会影响学生学习的积极性和课堂教学效果。但也不是足球越多越好,如果场地上摆放了过多的足球,则会增加足球教师控制教学秩序的难度,而且也容易使一些好动但足球基础较为薄弱的学生发生运动损伤。

除了足球的数量要合理外,一些辅助器材或工具的数量也要合理。比如,在运球绕障碍的游戏中,如果地上放置的标志物太多,那么就会使游戏的空间显得拥挤,容易使学生之间相互碰撞,从而造成运动伤害。因此,在校园足球活动过程中配备器材的数量应合理。

2. 质量过关

足球器材设施的配备不仅要考虑数量，还要考虑质量，也就是要按照相关文件规定和使用标准来配备质量符合规定、达到标准的器材设施。学校配备的器材设施应该具备坚固耐用的特点，要能满足校园足球活动开展的安全性需要，对劣质产品要杜绝采购，即使价格低廉，也坚决不用，否则可能因器材设施质量差而对学生健康造成损害，造成不可估量的损失。

学校配备的场地器材还应该符合学生的体质特点、年龄特点、兴趣爱好，能对学生身心健康更有保障，能使学生保持对足球运动的兴趣。比如，考虑到小学生的身心特点，学校购置的足球器材应该以质地柔软、材料安全为主要标准，尤其是球门，尽量不选有突出棱角的硬质球门，尽可能将安全隐患降到最低。

（二）定期维护场地设施

对学校足球场地设施进行定期检查，及早发现问题，第一时间处理问题，维修有安全隐患的器材设施，如有必要，直接更换新的设施，这样可以预防可能发生的伤害事故，使学生放心参加足球活动，使各项活动能够顺利地、安全地开展。

足球场地建设工程巨大，耗资数额大，学校要投入很多的资源，因此必须做好对足球场地的维护工作，号召学生爱护足球场地，从而延长足球场地的使用寿命。

二、构建组织管理保障体系

构建校园足球安全保障体系，还需要建立组织管理保障体系，成立安全防控领导小组，明确小组成员的职责和义务，分工明确，有序开展工作，提高领导小组的工作效率。

（一）组建领导小组

在校园足球安全防控领导小组的成立中，要将组织的目标和方向明确下来，并使小组每个成员都要对小组的方向与目标做到心中有数，根据目标和方向为各成员分配工作，同时要将小组内部关系理顺，形成联动的有机整体，充分发挥集体的力量来开展校园足球安全防控工作，提高防控工作效率和工作质量。

校园足球安全防控领导小组的组织架构适合采用机械式组织，它的特点是监督力度强，工作标准化、常规化，以部门化管理为主，之所以采用这样的组织架构形式，原因有以下几点。

第一，校园足球运动风险本身具有不确定性和突发性，所以需要有职权层级明确的组织来进行管理。

第二，校园足球安全管理的重要性决定了必须加大监督力度，既要从组织内部进行监督，还需要进行层级监督和自我监督，这样才能满足校园足球安全开展的需要。

第三，要有效解决校园足球安全问题，就必须开展常规化、标准化的管理工作，因而要采取标准化的组织模式，对校园足球中的安全问题进行常规化处理。

第四，要保障校园足球的安全性，就必须加强高层管理和上级监督，采取机械式的组织架构更能够发挥组织的监督作用。

（二）明晰职责分工

在校园足球运动安全防控小组成立之初就要将小组成员的职责明确下来，使各成员了解自己的职责所在，提高其责任意识，使其积极主动地开展职责范围内的工作，并与其他成员相互沟通、合作，发挥自身作用和集体的力量，取得安全管理实效。

（三）开展监督工作

这里的监督指的是校园足球运动安全防控领导小组对校园足球安全隐患的影响因素进行监督。在开展监督工作的同时，还要评价校园足球的开展情况，并收集领导小组在安全管理中的反馈信息，从而为进一步进行安全决策提供依据，使校园足球活动能够顺利进行。可见，领导小组的监督与评价是密不可分的。监督和评价的具体内容见表 7–4。

表 7–4　校园足球安全防控领导小组工作的监督与评价[①]

监督与评价	具体内容
监督	监督校园足球活动环境 监督校园足球活动参与者 监督校园足球教学活动 监督校园足球场地设施 监督校园足球医疗救护 ……
评价	评价校园足球活动环境的优劣 评价校园足球活动参与者的参与情况 评价校园足球教学活动的开展情况 评价校园足球场地设施的配备情况 评价校园足球医疗救护的工作情况 ……

三、构建安全教育保障体系

（一）普及安全常识

1. 选择合适的运动服（鞋）

学生上足球课或参加课外足球活动，要穿柔软、透气、吸水好的运动服，衣服不能太紧，否则会限制身体活动。此外，要穿轻便、透气、有弹性的运动鞋，尺寸大小、鞋底厚度要适宜。注意保持运动服和运动鞋的干净、卫生。

2. 做必要的准备活动

在运动前要做必要的准备活动，如慢跑、跳跃、活动操、运动部位拉伸等。通过做热身练习，使肌肉关节舒展开来，调动身心因素，快速进入良好运动状态。准备活动还具有预防运动损伤的作用。

3. 做好安全防护

在足球运动中要集中注意力，保持稳定的情绪，戒骄戒躁，克服紧张

① 赵树. 中学校园足球运动风险安全问题与防范体系构建［D］. 济南：山东大学，2016.

心理，专心致志，充分发挥运动能力，正确完成技术动作，并保护自身安全。科学的足球运动应该具备运动强度、运动量及运动时间均适宜的特征，按照科学的运动处方进行运动，能有效延缓疲劳出现的时间，预防运动伤病。此外，足球教学中要创造安全、卫生的环境，减少外在因素对学生正常运动造成的不良影响。

4. 注意饮食营养

学生在足球课前可适当补充食物，如喝牛奶，吃少量固体食物等，不能空腹，但也不要在过饱的情况下上课。饮食时间和上课时间至少要间隔半小时到 1 小时，主要取决于饮食量。学生处在生长发育的关键期，平时要多注意全面均衡地补充营养。此外，足球运动会消耗人体大量的能量，因此营养需求量也比平时多，学生要适当增加营养补充量，注意膳食健康、营养均衡。结合足球运动的特征，在安全教育中针对营养方面的教育要具体落实好以下工作。

（1）进行营养知识教育

学校多开展健康教育讲座和营养教育讲座，足球教师和教练员多宣传与健康和营养有关的知识，使青少年学生认识健康与营养的重要性，认识营养与运动表现、运动成绩的关系，并从多种有利渠道获取营养和运动营养的相关知识，提升自己的营养知识素养。学校可以邀请营养学专家或专门的营养师为小球员讲解和足球运动相关的营养学知识，使营养师与教练员共同从足球运动的能量消耗特点、青少年球员的身体状况出发而对营养膳食方案进行设计，从而在接下来的教学与训练中按照营养膳食方案去安排青少年球员的三餐，丰富食物种类，合理搭配食物，全面补充营养，提升小球员的营养水平、健康水平和体能水平。

（2）培养良好的饮食习惯

要对青少年学生的健康饮食习惯进行培养，就要对科学合理的饮食计划进行制订。在计划中把每日的三餐大概规定好，尤其要强调早餐的重要性，培养学生每天按时吃早餐的良好习惯。学校食堂要为青少年足球运动员专门配置营养套餐，使小球员每天补充的能量比普通学生多一些，为青少年球员合理搭配各种食物，保证其营养均衡、全面。

除了正常的一日三餐外，可以适当给青少年球员加餐，加餐以水果、简餐为主，以增加对维生素的补充。为青少年球员提供的晚餐不宜有太高的能量，晚餐能量在一日总能量中不宜占过大的比例。尽可能通过一日三餐的合理营养搭配和适当加餐而满足青少年球员的营养需求，帮助他们克服吃零食、挑食、偏食和吃垃圾食品的不良习惯。

（3）调整膳食结构

人体所需的营养是通过饮食而获得的，只有饮食科学、合理，才能保证营养摄入的全面与均衡性，才能保持能量的供需平衡，为顺利参与足球训练、比赛和促进机体恢复提供基础保障。因此，对膳食结构的安排与调整非常重要，每日的膳食不仅要保证能量总量的供需平衡，还要保证每餐食物的能量比例适宜。对膳食结构的安排要遵循的基本原则是“早餐吃好，中餐吃饱，晚餐吃少”。不管是青少年球员，还是参加校园足球活动的普通学生，一般情况下都要贯彻这个原则来安排膳食。

每日三餐的食物种类和补充的营养素应有所侧重，早餐要多补充优质蛋白和维生素，食物有鸡蛋、牛奶、水果、蔬菜等。午餐的食物种类多一些，如豆制品、奶制品、蔬果、谷物、水产等。晚餐以谷类食物、蔬果为主，易消化，而碳水类食物不易消化，所以摄入量宜少一些。对青少年球员来说，适当摄入粗粮、鱼类、精肉、动物内脏等食物，能够补充微量元素，提升矿物质和维生素在体内的利用率，预防贫血。此外，参加足球运动还需要补充适量的水分，并根据运动量来调整补液量。

（二）加强安全医务监督

在校园足球教学中加强医务监督，不仅对校园足球教学工作的改进和教学质量的提高有很好的帮助，而且对运动性伤病的预防和学生体质的增强也有积极的意义。校园足球教学中的医务监督主要从课前、课中以及课外三个方面进行。

1. 课前检查

（1）在上足球课前和课间休息期间，教师要对足球场地、器材、设备的卫生与安全情况认真进行检查。教师还应对学生健康状况充分加以了解，要以健康分组为依据开展有针对性的足球教学，对体弱多病学生的身体情况要尤为关注。对学生健康档案、女生经期登记卡进行建立。

（2）对是否有护膝、护腕、护腰等必要的防护用具进行检查，检查学生的服装和鞋袜是否卫生等。提醒学生上足球课不要穿塑料底鞋，否则容易滑倒。教育学生不要穿过紧或过于宽松的运动服。禁止学生在衣服口袋里放置尖锐锋利的物品,以免对身体造成伤害。

2. 课中检查

在足球课中,教师对学生的神态变化密切关注。在组织比较激烈的课堂足球比赛时,要对学生的动态表情进行仔细观察,如果发现有异常现象,要及时停止比赛并采取措施来急救。教师要善于通过观察学生的语言、笑声、叹息来对其情绪和疲劳程度进行判断。教师还需要通过询问来对学生的主观感觉进行了解。对学生的脉搏进行测定也能够对运动量和运动负荷的大小做出及时的评估。

(三)加强安全管理

1. 提高安全意识,增强责任心

足球教师要树立安全意识,同时在足球教学中要注意对学生的安全意识进行培养,要在“安全才能实现健康”的指导思想下开展足球教学工作。足球教师应规范而详细地对足球动作要领进行讲解,使每个学生对正确的动作要领和规范的操作规程都有详细的认识。在讲解和示范时,教师要向学生说明,如果不注意哪些事项,或哪个动作出现失误就容易造成运动损伤。在学生练习的过程中,教师要仔细观察,一旦发现学生出现异常情况,就要及时给予正确的引导,并提醒学生多加注意,以避免安全事故的发生。

2. 基于对学生体质差异的了解对运动量做出合理安排

一些学生体质较差,受自身因素的影响而难以完成基本的运动量,这就要求足球教师全面了解与准确判断不同学生的体质状况,并在此基础上对运动量、运动时间进行安排与调整,避免学生因无法承受大运动量训练而出现受伤的情况。

随着全民健身运动的不断发展,我国体育教育事业迈向了新的高度,逐渐呈现出了全民体育、终身教育的发展趋势。在这一背景下,学校在开展足球教育工作时,应突破单一的教育内容和模式,丰富教学内容,采取创新型的教学模式,努力促进教学管理水平的提高,预防足球教学中安全事故的发生，营造健康安全的教学氛围，促进校园足球文化的发展。

3. 加强对课堂常规的规范，采用科学训练方法

在校园足球教学中，足球教学任务能否顺利完成，预期的教学效果能否实现，安全事故能否得到有效的预防，主要是看教学程序是否科学，组织管理是否严密。不同的足球教师在对体育教学方法进行采用的过程中有不同的程序，然而不管是用何种程序来展开教学，都要将合理性、严密性这两个要求重视起来。

4. 全面实施新生入学体检制度

在新生入学时，学校应严格实施体检制度，全面检查学生的身体情况，以对每个学生的身体健康情况和病史状况进行充分的了解。在这基础上才能以学生身体状况为依据来对足球教学内容与运动量做出合理安排，避免安全事故的发生。

5. 促进安全管理机制的完善

当学生在校园足球运动中出现安全事故后，其身心健康会受到不同程度的伤害，一般来说，家长会认为这是学校和老师的责任，因此就会出现矛盾与纠纷，倘若处理不当，将会造成严重的社会影响。事实上，学生在足球活动中出现安全事故有时并不完全是学校与教师的责任，如果将所有责任都归于校方，学校和教师就会面临严重的心理负担，在组织教学时也会有很多顾虑，这对我国校园足球事业的健康发展是非常不利的。所以，学校要对体育教育安全事故责任制进行建立并逐步完善，明确各方的责任，一旦足球教学中学生出现伤害事故，就按照“谁过错、谁承担”的原则来处理，这是最公平、合理的解决方法。

6. 足球教师加强业务学习

近些年，校园足球活动的开展形式越来越丰富多样，足球教学内容也越来越丰富有趣，这对足球教师的业务能力提出了更高的要求。对此，足球教师必须树立新的教学理念，不断加强业务学习，参加业务培训，以此来提升自己的业务能力。足球教师科学施教的基础主要来源于扎实的足球理论知识和高超的足球技能水平。因此，足球教师必须掌握

丰富的足球理论知识，不断提高自己的足球技能水平，这样才能在足球教学中更好地教育学生，提高学生的学习热情。

第三节　预防与处理儿童运动损伤

一、足球运动损伤概述

足球运动损伤是指足球运动员在运动过程中所发生的对身体的各种伤害。运动损伤不仅使运动员不能参加正常的训练和比赛，影响运动水平的提高，缩短运动寿命，而且严重时还可使人残废甚至死亡，给运动员带来生命威胁。

（一）足球运动损伤的特点

足球运动损伤与足球运动本身的专项特点有关，足球运动的特点决定了足球运动损伤的特点及发生规律与其他运动项目是有区别的。除了足球项目本身的特点外，足球运动的技术力学原理、生理解剖学原理等也直接影响足球运动损伤的特点。下面简单分析足球运动损伤的基本特点。

第一，足球运动是在非常宽阔的场地上进行的，一场足球比赛的时间多达 90 分钟，在这一个多小时的比赛中，双方运动员展开激烈的争夺与对抗，身体接触频繁，冲撞随处可见，这就很容易造成运动损伤，这是足球运动中损伤发生率较高的一个重要原因。而且足球运动员的损伤中很大一部分是因为外力作用而造成的。

第二，足球运动中有大量复杂的技术动作，其中脚上动作最为多见，脚上动作的本体感受本身就不像手上动作那样强烈，所以要准确完成各种传接球、踢球等脚上动作是存在一定难度的，有时运动员必须通过改变体位来完成动作，这就容易造成下肢受伤。足球运动损伤中下肢损伤占有很大的比例。

第三，青少年足球运动员要经过长期的系统训练才能熟练掌握和运用技战术，在长期的训练中不乏大强度训练，身体受到较大负荷的刺激，从而容易引起疲劳，而疲劳是造成运动损伤的重要原因之一。

（二）足球运动中常见运动损伤的发生部位

体育运动中有很多项目的损伤发生率都非常高，足球运动就是其中之一。常见运动损伤主要是擦伤、拉伤、撕裂伤、关节脱位、骨折等外伤。急性创伤在足球运动中最为常见，这一损伤发生率高的原因主要与足球运动本身包含大量急停急转等动作有关。此外，场地光滑、场地不平坦等外在因素也是主要原因之一，运动员自身因素也常常造成急性损伤发生，如冲撞、跳起抢球后落地姿势有误、跌倒等。

从受伤程度来看，急性创伤中有轻伤，也有重伤。擦伤是最轻的一种，关节脱位、骨折是程度较重的损伤。有关研究数据显示，足球运动员的各类损伤从受伤程度来看，轻伤、中等伤以及重伤的比例分别为45.2%、19.0%、3.2%，可见轻伤最多，重伤较少。

足球运动员在训练或比赛中发生的损伤中，四肢损伤的比例高达80%以上。四肢擦伤、挫伤、关节扭伤都很普遍，关节扭伤中最常见的是踝关节扭伤。大腿前后肌肉拉伤、挫伤的发生率也较高，膝关节损伤的发生率也不低。膝关节损伤中多为轻伤，重伤如髌骨骨折、韧带撕裂、半月板撕裂等虽然不是常常发生，但治疗难度很大，一旦发生，就会给运动员带来严重的伤害，甚至影响其运动生涯和正常生活。

（三）发生运动损伤的主要原因

足球运动中发生损伤的常见原因有以下几种。

1. 对抗激烈致伤

激烈的足球对抗中，运动员必须不断疾跑、争夺球，也要做大量的铲球动作，这就增加了下肢肌肉拉伤与断裂的风险。为完成一些踢球动作，运动员的体位发生变化，突然扭转小腿、关节外展或内收等，这些都可能损害膝部与髋部的骨骼、韧带与关节。

2. 球击伤

足球运动中有些损伤是因为不小心被球击到而造成的，如面部挫伤、擦伤；守门员手指关节脱位或其他手指损伤；腹部挫伤；睾丸挫伤；等等。

3. 球的间接作用致伤

足球运动中下肢部位的损伤有一部分是因为球的间接作用而导致的。例如，足球运动员常常发生踝关节损伤，具体表现为距腓前韧带受伤，这种损伤多与运动员用脚外侧踢球，从而受到球的间接作用的刺激有关。

足球运动膝关节损伤中比较常见的是前十字韧带损伤、半月板损伤和外侧副韧带损伤，这些损伤的发生有时是因为膝关节屈曲时，小腿突然因球的作用而外旋、外展造成的。

有时股四头肌因球的外力作用迅猛收缩，从而造成撕裂伤。可见，因球的外力作用所致的损伤多发生在下肢。

4. 摔倒

足球运动员疾跑、争夺球或与对手发生猛烈冲撞时，如果身体重心不稳则很容易摔倒，倘若运动场地不平坦或有灰渣、土屑等，就很容易发生擦伤。一般情况下擦伤的损伤程度较轻，但有时也会因为摔倒而造成严重的损伤，如脑震荡、脑出血、骨折、滑囊炎等。

现代足球运动场地条件在不断改善，人工草皮场作为足球运动场地而出现在很多城市，这是现代科技发展及科技因素在体育领域运用的成果。但即使足球运动场地条件有所改善，也要防止出现新的伤害，如皮肤感染、热烧伤等。

5. 踢伤

足球对抗中，冲撞在所难免，但如果冲撞猛烈，腿部或其他身体部位被踢到，那么就可能造成损伤，如皮下血肿、挫伤、撕裂伤，严重时还会伤及骨骼，如创伤性骨膜炎、胫骨骨折等。

6. 其他慢性伤

足球运动员的慢性损伤常常因劳损所致，如髌骨劳损（以脂肪垫脱出和嵌骨软骨为主要表现)、“足球踝”(踝关节创伤性骨关节病)等。局部劳损、踝部骨质增生等是造成足球踝的主要原因。

足球运动员发生运动损伤,除了上述常见原因外,还有其他一些原因,如保护不当,场地设施不标准,安全意识淡薄等。青少年足球运动员往往缺乏强烈的自我保护意识,不管在训练中还是在比赛中,都不太注重对损伤与疾病的预防,从而容易造成运动伤病。青少年自身缺乏安全意识,教练员也忽视了必要的安全防护和安全管理,导致青少年足球运动员在训练中发生损伤的概率不断提升。此外,有些青少年足球队过早对青少年进行专项训练,不断强调大强度训练的重要性,再加上训练条件不完善,所以给慢性损伤的发生埋下了隐患。

二、儿童足球游戏课程教学中运动损伤的预防

儿童在足球游戏课程教学中发生运动损伤的特点、部位及原因与上述所分析的足球运动损伤有相似之处,了解这些基本知识,能够为指导儿童预防运动损伤提供参考。儿童足球运动损伤的预防主要包括如下措施。

(1)加强体育道德教育,教育学生不要故意对他人造成伤害或有意犯规。

(2)加强技术练习,使学生将各项技术正确掌握,并能准确运用于训练和比赛中。在足球游戏课上对运动负荷进行合理安排,预防过度疲劳,否则容易造成损伤。

(3)加强身体素质训练,要特别重视训练足球运动中最容易发生损伤的部位,促进身体素质的全面协调发展,使易受伤部位的肌肉力量和关节灵活性得到增强,从而有效预防运动损伤。此外,将自我保护训练融入体能训练中,提升学生的自我保护能力。

(4)儿童的着装要符合规定,佩戴好保护装备,教师要检查场地设施的安全性,及时发现安全隐患,做好处理。总之,要做好思想与行动上的全面防范。

(5)要根据规定惩罚故意伤害他人或有意犯规的学生,使其为自己的不当行为付出代价,吸取教训,养成文明踢球的好习惯。

三、足球游戏课程教学中常见运动损伤的处理

（一）挫伤

挫伤是肌体某部位受钝性外力作用，引起该处及其深部组织的闭合性损伤。学生相互碰撞、踢、顶等都易发生挫伤。挫伤症状有疼痛、肿胀、皮下出血和功能障碍等。

发生挫伤后应立即进行局部冷敷、外敷新伤药等，适当加压包扎，并抬高患肢，以减少出血和肿胀。股四头肌和小腿后群肌肉的严重挫伤多伴有部分肌纤维的损伤或断裂，组织内出血形成血肿，应将肢体包扎固定后，立即送医院诊治。

（二）擦伤

擦伤是肌体表面与粗糙的物体相互摩擦而引起的皮肤表层的损害。主要征象为表皮剥脱，有小出血点和组织液渗出。

一般较轻、较小的擦伤，可以用生理盐水或其他药水冲洗伤部，涂抹红药水或紫药水，不需包扎，一周左右即可痊愈。面部擦伤宜涂抹0.1%新洁尔溶液。

较大的擦伤伤口需用碘酒或酒精在伤口周围消毒，消毒后撒上云南白药或纯三七粉，盖上凡士林纱布，适当包扎。两周左右即可痊愈。

（三）撕裂伤

撕裂伤是指受物体打击而引起的皮肤和皮上组织出现裂口，有不同程度的出血和污染，如争头球时头部相互碰撞发生的眉际撕裂伤等。

处理撕裂伤时，轻者可先用碘酒或酒精消毒，然后用云南白药或其他药物和方法止血，再用消毒纱布覆盖，并适当加压包扎。

伤口较大、较深时，应及时送医院进行清创缝合手术，并口服或注射抗生素药物预防感染，按常规注射破伤风抗霉素。

参考文献

[1] 鄢超云 . 足球游戏与完整儿童 [M]. 成都：四川教育出版社，2021.

[2] 朱斌，詹本乐，郝苗 . 幼儿足球游戏设计与指导 [M]. 成都：四川大学出版社，2017.

[3] 周伟华，冯雪林 . 灵动足球游戏 [M]. 苏州：苏州大学出版社，2016.

[4] 黄伟 . 新时代小学校园足球游戏理论与实践 [M]. 广州：广东高等教育出版社，2020.

[5] 吕健力 . 校园足球游戏课教学设计下 [M]. 石家庄：河北教育出版社，2017.

[6] 高松山，周明华，王文 . 篮球排球足球游戏 [M]. 北京：教育科学出版社，2008.

[7]（日）松木安太郎 . 儿童足球游戏 [M]. 何阳译 . 北京：人民体育出版社，2001.

[8] 广州体育学院足球教研室编 . 新编足球教学与训练 [M]. 广州：广东高等教育出版社，2019.

[9] 闫强 . 高校足球教学与训练创新设计研究 [M]. 北京：北京工业大学出版社有限责任公司，2019.

[10] 于天博，纪磊，周勇 . 校园足球教学方法与必要性的研究 [M]. 北京：中国纺织出版社，2019.

[11] 文智 . 足球教学训练实践 [M]. 北京：光明日报出版社，2016.

[12]（德）格莱德・替森 . 足球教学 [M]. 王悦译 . 北京：北京体育大学出版社，2005.

[13] 姜全林 . 中小学体育教师校园足球教学能力培训教材 [M]. 杭

州：浙江大学出版社，2017.

[14]《校园足球，从这一脚启航》编写组编．校园足球 [M]. 北京：新华出版社，2018.

[15] 耿剑峰．校园足球发展与普及研究 [M]. 北京：新华出版社，2019.

[16] 周毅．校园足球课程构建导论 [M]. 广州：广东高等教育出版社，2019.

[17] 王广．校园足球初级教程 [M]. 北京：中国发展出版社，2017.

[18] 冯伟华．新时代小学校园足球课程校本化教学体系的构建与实践 [M]. 广州：广东高等教育出版社，2019.

[19] 金钢铁．青少年校园足球发展战略研究 [M]. 北京：北京体育大学出版社，2018.

[20] 成耀东．青少年校园足球未来发展模式的设想 [J]. 当代体育科技，2013，3（29）：99–100.

[21] 王志华，向勇．我国校园足球可持续发展的现实困境与路径选择 [J]. 体育文化导刊，2019（2）：101–105.

[22] 刘丹，赵刚．青少年足球训练纲要与教法指导 [M]. 北京：人民体育出版社，2011.

[23] 李明龙，程加荣．儿童足球教学模式的创新与实践研究——以快乐足球教学模式为例 [J]. 当代体育科技，2022，12（22）：52–55.

[24] 格列群培．"快乐足球"教学模式探讨 [J]. 理科爱好者（教育教学），2018（10）：67+69.

[25] 张建龙，王炜．体育教学方法优化组合的依据、原则与程序 [J]. 新西部（下半月），2009（05）：241+238.

[26] 彭颖超．体育游戏在河北省中考体育项目教学中的设计与应用研究 [D]. 天津：天津体育学院，2022.

[27] 胡凤兰．高校体育教育专业体育游戏课程设计 [J]. 科教文汇（上旬刊），2012，193（1）：157–159.

[28] 刘月新．适合小学体育教学内容的体育游戏设计与应用 [D]. 北京：北京体育大学，2018.

[29] 段炼．我国 6–7 岁儿童适宜性足球游戏课程体系构建研究 [D]. 长春：东北师范大学，2020.

[30] 孔祥宁．足球训练指导 [M]. 郑州：河南文艺出版社，2007.

[31] 李震 . 校园足球背景下小学足球运动风险与防范探究 [D]. 武汉：武汉体育学院，2018.

[32] 赵树 . 中学校园足球运动风险安全问题与防范体系构建 [D]. 济南：山东大学，2016.

[33] 周明荣 . 校园足球运动风险研究与应对 [J]. 当代体育科技，2020，10（26）：142-143+146.

[34] 刘红 . 高校体育风险管理研究 [M]. 北京：北京体育大学出版社，2012.

[35] 王迪迪 . 学校体育安全风险导论 [M]. 北京：人民体育出版社，2016.

[36] 李永国 . 体育教学中足球游戏的设计及应用 [J]. 名师在线，2019（21）：82-83.

[37] 董久奎 . 关于足球教学中的足球游戏设计 [J]. 职业技术，2016，15（8）：78-81.